1798

L.h⁴
1960

RÉCITS DE GUERRE

COMBATS DE L'ARMÉE DU RHIN (1870)

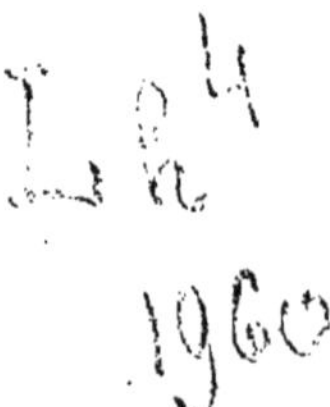

DIXIÈME SÉRIE. — Format in-8° raisin, ill.

Typographie Firmin-Didot et Cie. — Mesnil (Eure).

Fig. 1. — Mort du général von François à l'attaque de l'Éperon de Spickeren. (Page 22.)

LOUIS YVERT

RÉCITS DE GUERRE

COMBATS DE L'ARMÉE DU RHIN (1870).

OUVRAGE ORNÉ DE 27 GRAVURES

PARIS

LIBRAIRIE DE FIRMIN-DIDOT ET Cⁱᵉ

IMPRIMEURS DE L'INSTITUT, RUE JACOB, 56

RÉCITS DE GUERRE

CAMPAGNES DE L'ARMÉE DU RHIN (1870)

LA DÉFENSE DE WISSEMBOURG

PAR LE 2ᵉ BATAILLON DU 74ᶜ DE LIGNE

(4 AOUT 1870)

Midi sonne à l'horloge de l'hôtel de ville de Wissembourg. C'est la dernière heure française qui tinte dans la petite cité alsacienne, et les notes vibrantes qui s'échappent à ce sombre instant de la défaite semblent, mêlées au bruit de la canonnade et de la mousqueterie, retentir lugubres comme celles d'un glas funèbre.

La vaillante division Abel Douay, dont le chef vient d'être tué, se replie, écrasée par les masses sans cesse grossissantes des bataillons bavarois et prussiens. 5,000 Français luttent désespérément contre plus de 30,000 Allemands depuis sept heures du matin, sans avoir perdu un pouce de terrain, ni cédé une ligne de leurs positions. Mais les forces humaines ont des limites : sans soutien, sans réserve, sans appui d'aucune sorte, noyés sous les flots allemands, nos soldats se résignent à la retraite, épuisés, exténués, et après avoir brûlé leurs dernières cartouches.

C'est alors que les Bavarois, qui avaient tenté, quelques heures auparavant, d'enlever de vive force la petite place de Wissembourg, dont la défense avait été confiée au 2ᵉ bataillon du 74ᵉ (commandant Liaud) et qui avaient été vigoureusement repoussés, voyant nos lignes de tirailleurs qui, jusque-là, les avaient tenus en respect, abandonner successivement les abords de la ville, se décidaient à prendre l'offensive.

La situation, du reste, pour la poignée de défenseurs de la place, semblait devenir de plus en plus critique, car vers midi, la ligne de turcos du bataillon de Lammerz, qui combattait encore en avant des remparts, se repliait, à bout de munitions, disparaissant sur la gauche. En même temps, le bruit du canon de la division française, qu'on entendait, quelques instants auparavant, très distinctement et à brefs intervalles, allait s'affaiblissant, et aucun ordre, aucun secours ne parvenait au bataillon laissé dans Wissembourg. Un calme lourd et plat, ce calme qui précède les tempêtes, s'étendait dans la plaine où, de part et d'autre, paraissaient s'éteindre la fusillade et la canonnade.

En ville, on était inquiet; habitants et soldats couraient de tous côtés aux nouvelles, ou montaient aux remparts pour mieux distinguer les mouvements des combattants, et de minute en minute, tous acquéraient la triste certitude de la retraite de nos troupes. En effet, vers midi et demi, les ennemis reparaissent, cette fois plus nombreux que jamais. Deux divisions entières de l'armée bavaroise couronnent les hauteurs, et l'attaque contre la petite place alsacienne recommence avec plus de fureur, plus de sauvagerie. Les obus tombent avec un fracas épouvantable sur la malheureuse ville, enfonçant les toitures, renversant les murailles, et finissent par faire brèche dans les vieilles fortifications de Vauban.

Le commandant Liaud, comprenant qu'il lui est impossible, avec les faibles forces dont il dispose, de se défendre efficacement dans Wissembourg, songe à évacuer cette souricière et à se retirer par la route de Bitche. A cet effet, il rassemble son bataillon, sac au dos, avec les voitures de bagages, sur la place de l'hôtel de ville et ordonne le départ. La petite colonne se dirige alors vers la porte de Bitche. On marche d'un pas rapide et pressé, car il s'agit d'échapper à l'investissement, et la route qu'on va prendre

semble être encore la moins menacée. On arrive à la porte,
dont le pont-levis s'abaisse, mais tout à coup, et comme
par enchantement, les hauteurs, qui dominent cette porte à
la distance de 3 ou 400 mètres, se couvrent subitement de
fantassins à tunique bleu de ciel, coiffés du casque à che-
nille noire, et dès qu'apparaît la tête de la petite colonne
française, une terrible salve de mousqueterie l'accueille.

A cette meurtrière réception, nos compagnies se jettent
aussitôt à droite et à gauche dans le chemin de ronde et
les ruelles environnantes. Le dernier espoir de sortir de
la ville est évanoui, car l'ennemi tient toutes les issues.
Il ne s'agit donc plus pour nos braves du 74ᵉ que de faire
leur devoir le mieux possible et de se défendre jusqu'à la
dernière extrémité.

Sans perdre de temps, le commandant Liaud envoie
deux compagnies garder la porte de Haguenau, deux
autres à celle de Landau; les deux dernières doivent rester à la porte de Bitche.

Au moment où ces différents ordres commencent à s'exécuter, on apprend que les Bavarois viennent de faire irruption en ville par la porte de Haguenau, grâce à des habitants affidés aux Allemands qui ont fait abaisser le pont-
levis, dès qu'ils ont vu les Français se préparer à quitter
la place. Les 1ʳᵉ et 3ᵉ compagnies s'engagent aussitôt, au

pas de course, dans les ruelles conduisant à cette porte, et, au détour de l'une d'elles, se rencontrent subitement face à face avec des éclaireurs ennemis, qui s'avancent lentement, l'arme haute.

« En avant! le 74e! » s'écrie d'une voix tonnante le capitaine Launay-Onfrey, de la 1re compagnie, en s'élançant, le sabre haut. Ses soldats le suivent, la baïonnette en avant et chargent avec entrain les Bavarois. Une terrible fusillade les reçoit, et plusieurs tombent, tués ou blessés; parmi ces derniers, le capitaine Launay-Onfrey qui, malgré sa blessure, se relève rapidement et crie : « En avant! mes enfants! à la baïonnette! » Nos fantassins se ruent de nouveau avec une sauvage fureur sur les fantassins allemands qui, après une courte résistance, tourbillonnent sur eux-mêmes et sont refoulés, la baïonnette en avant, jusqu'au delà de la porte de Haguenau, semant les rues de tués et de blessés.

Malheureusement, nos soldats luttent dans la proportion d'un contre dix, et des masses profondes, s'avançant de tous côtés, les obligent à rentrer en ville, serrés de très près par l'ennemi, qui va franchir derrière eux le pont-levis. Le commandant Liaud, que cet engagement avait attiré de ce côté, aperçoit le danger : « Aux chaînes! s'écrie-t-il, aux chaînes! » Les compagnies ramenées se retournent et s'élancent au pas de course; une poignée de braves se suspendent aux chaînes à travers un redoutable ouragan de fer, et, en moins d'une minute, le pont est relevé, et les projectiles bavarois s'aplatissent, inoffensifs, contre les lourds madriers. Le capitaine Daubas, de la 3e compagnie, prend alors le commandement de la petite troupe et organise la défense. Nos soldats ouvrent le feu avec le plus grand calme, ménageant leurs cartouches, et ne tirant qu'à coup sûr.

A la porte de Bitche, où se dirige ensuite le commandant Liaud, la défense est également solide, et les Bavarois, contenus, ne peuvent avancer d'une ligne. Mais, à la porte de Landau, où devaient également se rendre deux compagnies, l'ordre n'a pas reçu d'exécution, par suite d'une erreur de direction, et le pont-levis, comme à la porte de Haguenau, a été abaissé par des habitants, pressés de voir finir cette lutte inégale et sanglante. Averti de ce funeste contre-temps, le commandant du 74e envoie aussitôt le capitaine-adjudant-major Bertrand et le lieutenant Aubarbier, avec une section, pour relever le pont-levis et parer à la défense de ce côté. Ces deux officiers se précipitent au plus vite sur le point menacé; mais, au moment où il donnait cet ordre, le brave Liaud tombait, frappé d'une balle à la jambe, et devait se rendre à l'ambulance.

Le capitaine Bertrand prend alors le commandement du bataillon et continue vivement sa marche vers la porte de Landau ; arrivé sur la grande place, il se heurte à une forte colonne ennemie, qui vient de pénétrer en ville. Après avoir essuyé quelques coups de feu, le capitaine se rejette, avec la poignée d'hommes qui l'accompagne, dans des rues latérales, où il rencontre de nouveaux ennemis. Le combat alors s'engage, terrible, acharné ; les escaliers, les chambres, les corridors s'emplissent de fumée, car on lutte partout et partout nos admirables soldats sont un contre cinq. Cependant, le vaillant capitaine Bertrand parvient à rallier sa section à travers cette nuée d'ennemis, gagne le chemin de ronde et arrive, après mille dangers, à la porte de Bitche, où il retrouve les deux compagnies qui la défendent, augmentées des deux compagnies destinées à la garde de la porte de Landau, et qui se sont égarées en chemin.

La situation est critique : la plus grande partie de la garnison est acculée à la porte de Bitche, presque sans munitions et n'ayant devant elle que des rues tortueuses, qui ne laissent aucun champ de tir. Les Bavarois continuent à entrer en ville, par colonnes serrées. Les deux compagnies laissées à la porte de Haguenau sont coupées de leurs communications avec les quatre autres. Les incendies dévorent la cité; les rues sont littéralement pavées de boulets et d'obus.

Dans cet état de choses, le capitaine Bertrand réunit les soldats qui ont encore quelques cartouches et les place, par petits groupes, dans les maisons situées aux angles des rues d'où doit déboucher l'ennemi; et résolu, prêt à mourir, il attend le choc inévitable.

Dans cet intervalle, le Conseil municipal, réuni à l'hôtel de ville, a entamé des négociations avec les Allemands, et force est aux braves du 74ᵉ de se soumettre aux clauses de la capitulation, traitée par les autorités civiles avec le général bavarois Bothmer. Il n'y a plus d'ailleurs d'illusion à se faire : la division française est en pleine retraite, la ville est bondée d'ennemis, toutes les cartouches des héroïques soldats du 74ᵉ sont brûlées et la population, éparse dans les rues, demande à grands cris la cessation de la lutte.

Les officiers, réunis autour de leur commandant, reconnaissent enfin qu'il n'y a plus qu'à se soumettre devant les cruelles exigences d'une telle situation : ils ont sauvé l'honneur militaire et résisté pendant plus d'une heure avec 400 hommes à plus de 10,000 Bavarois. Aussi, le général Bothmer, désireux de rendre un suprême hommage à leur bravoure, décide-t-il qu'ils seront faits

Fig. 2. — Prisonniers français dans l'église de Wissembourg.

prisonniers sur parole et qu'ils conserveront leurs armes.

Les pertes de ce brave bataillon étaient relativement faibles en comparaison de celles infligées à leurs adversaires. Trois officiers étaient blessés, MM. Liaud, chef de bataillon, Launay-Onfrey, capitaine, qui succomba quelques jours plus tard à ses blessures, et Petit, lieutenant; 49 sous-officiers et soldats tués ou blessés. Quant aux Bavarois, ils accusèrent, pour cette seule attaque de Wissembourg, 26 officiers tués et blessés et 360 sous-officiers et soldats, c'est-à-dire à peu près l'effectif total du bataillon français qui leur avait résisté.

LE 10ᵉ BATAILLON DE CHASSEURS

A SPICKEREN

(6 AOUT 1870)

Le 6 août, après une marche de nuit exécutée sous une pluie battante, la division Laveaucoupet (3ᵉ du 2ᵉ corps), composée des brigades Doëns (10ᵉ bataillon de chasseurs, 2ᵉ et 63ᵉ de ligne) et Micheler (24ᵉ et 40ᵉ de ligne), s'établissait, en prévision d'une attaque des Allemands, autour du village de Spickeren, dont elle occupait les hauteurs, formant ainsi la droite de notre armée.

Dès son arrivée sur le terrain, le général de Laveaucoupet répartissait, sur la ligne des crêtes, la brigade Micheler, conservant comme grande réserve la brigade Doëns, qu'il établissait en seconde ligne, dans le vallon allongé qui s'étend en arrière de Spickeren. Les trois batteries divisionnaires étaient également tenues en réserve, prêtes à être portées sur le point menacé.

Devant la gauche des positions occupées par la brigade

Micheler, se dressait un contrefort rougeâtre en forme d'éperon, désigné communément sous le nom du *Rothe-berg*. Ce contrefort, faisant saillie dans l'immense vallon qui s'étendait jusqu'aux pentes de l'*Exercice platz* de Sarrebruck, était, eu égard à sa situation dominante et en flèche, d'une grande importance, car on pouvait de là balayer, de feux plongeants, le terrain à droite et à gauche, et battre en face le vallon ainsi que la route de Sarrebruck. Aussi, le premier soin du commandant de la 3ᵉ division fut-il de le faire occuper, et dès six heures du matin le Rotheberg recevait, comme défenseurs, le 10ᵉ bataillon de chasseurs et la 13ᵉ compagnie du 3ᵉ génie qui, dès son arrivée, commençait à établir une tranchée-abri en forme de croissant, enveloppant toute la crête de l'Éperon.

Dans cette tranchée, furent immédiatement installées deux compagnies du 10ᵉ bataillon, soutenues par la 1ʳᵉ section de la 8ᵉ batterie du 15ᵉ d'artillerie. Cette faible troupe était, on peut le dire, l'extrême pointe d'avant-poste des lignes françaises et la première à recevoir le choc des masses allemandes.

Cependant, l'ennemi n'avait pas encore donné, vers neuf heures du matin, grand signe de vie; on savait seulement que, dès l'aube, il avait franchi la Sarre, et ses colonnes étaient signalées, depuis longtemps, à nos postes avancés.

Vers dix heures, l'avant-garde de la 14e division d'infanterie allemande, commandée par le général von François, atteint Sarrebruck, traverse rapidement cette ville et vient se former en arrière du terrain qui la sépare du Rotheberg; 24 pièces de canon appuient ce mouvement, également éclairé par une nombreuse troupe de cavalerie.

La tranchée-abri de l'Éperon est à peine terminée, quand apparaissent, à moins de 150 mètres, les schapskas à pompon noir et blanc des uhlans et les colbacks à flamme rouge des houzards prussiens.

Les braves petits *vitriers* du 10e lâchent aussitôt pelles et pioches, saisissent leur chassepot et commencent sur cette audacieuse cavalerie un feu précipité et nourri, qui l'oblige à déguerpir promptement des pentes du Rotheberg. Cinq minutes ne se sont pas écoulées qu'elle a disparu sous le couvert des bois, son refuge ordinaire.

Bientôt, de nombreux hourras et les cris rauques et répétés : *Forvœrts!* (En avant) se font entendre dans les bas fonds boisés, et, à travers les éclaircies de feuillage, nos chasseurs voient étinceler les armes et reluire les casques à pointe d'une forte colonne d'infanterie prus-

sienne, qui débouche à son tour avec la plus grande résolution et se jette sur les pentes de l'Éperon.

Cette vigoureuse offensive est appuyée par une puissante canonnade, dont les projectiles arrivent de plein
fouet sur le Rotheberg et criblent nos soldats d'obus.
Cependant, les chasseurs ne bronchent pas, et dès que
les fantassins allemands paraissent, ils les accueillent par
des salves de mousqueterie, que domine, fière et stri-
dente, la chanson de marche du 10ᵉ bataillon :

> L'dixièm' bataillon,
> Commandant Mac-Mahon,
> N'a pas peur du canon,
> Nom de nom !

Malgré les sillons sanglants que tracent dans leurs
rangs le feu redoublé de nos chassepots, le 39ᵉ prussien
s'avance comme à la parade, gravit la pente de l'Éperon
et semble vouloir aborder la crête extérieure de la tranchée-abri. Mais la fusillade est tellement intense de notre
côté, que l'effort de ce régiment s'arrête à mi-pente de
l'escarpement et que ses compagnies, broyées, brisées,
disloquées, roulent au bas de la montagne et se blottissent
comme des taupes sous les blocs énormes et rougeâtres
qui sont au pied du Rotheberg.

Là, dérobées à la vue de nos troupes, elles attendent de

Fig. 3. — Marche en avant de l'armée allemande.

nouveaux renforts et demandent au canon, suivant leur habituelle tactique, ce que la fusillade et la baïonnette n'ont pu leur donner.

Des batteries ennemies s'établissent alors de tous côtés, et leur multiple action se concentre sur l'Éperon, qui est sillonné par une véritable tempête d'obus. Notre artillerie essaie de riposter; mais, très inférieure en nombre, d'un calibre insuffisant, elle est vite réduite au silence et les quatre pièces qui ont soutenu le 10ᵉ bataillon dans sa brillante défense, ayant perdu les trois quarts de leurs chevaux, et plus ou moins mises hors de service, se reportent en arrière, laissant à l'infanterie seule le poids d'une défense devenue de plus en plus difficile.

Pendant une heure, le 10ᵉ bataillon se trouve sous la plus effroyable averse de projectiles que l'on puisse imaginer : il tombe sur l'étroite crête qu'il défend un obus par seconde environ ; aussi la première tranchée n'est-elle plus tenable.

On ne voit plus rien, tellement la fumée est intense, et chaque chasseur, s'abritant de son mieux, attend, pour tirer, la première éclaircie.

C'est alors que le général von François, qui a reçu de nombreux renforts, se prépare à tenter de nouveau l'escalade de notre forte position. Au 39ᵉ prussien sont venus se joindre le 74ᵉ et un régiment de grenadiers royaux ; à la tête de ces troupes, et avec une valeur bien digne de la race française dont il descend, le général von François se précipite le premier à l'assaut, suivi des régiments de sa brigade qui, tout en grimpant, ouvrent un feu des plus violents, que soutient avec plus d'énergie que jamais une intense canonnade. Les chasseurs du 10ᵉ ne se laissent pas démonter ; ils rendent coup pour coup, et leur brave chef de bataillon, le commandant Schenck, les encourage par son mâle exemple. Debout, au milieu d'eux, il leur crie : « Tenez bien, mes enfants ! et surtout ne perdez pas une balle. »

Malheureusement, les cartouches viennent à manquer aux héroïques défenseurs de l'Éperon, et les Prussiens qui s'en aperçoivent redoublent leurs efforts et parviennent à déboucher en masse sur la tranchée. Là, ils sont reçus à l'arme blanche ; un long cri vibre dans les rangs du 10ᵉ bataillon : *A la baïonnette !* On se bat corps à corps. Le commandant Schenck, toujours au plus épais de la fumée, anime ses hommes par sa froide intrépidité ; trois fois, il décharge à bout portant les cartouches de son revolver, qui renversent chaque fois des fantassins ennemis. Mais il ne reste plus dans la tranchée qu'une centaine de chasseurs, entourés par plusieurs milliers de Prussiens.

Ce serait folie de résister, il faut enfin battre en retraite et s'ouvrir un passage de vive force.

« En avant, mes chasseurs! s'écrie le commandant, suivez-moi! » et l'épée haute, il se rue sur les rangs ennemis. Les chasseurs s'élancent à la suite sous cette furieuse poussée, et refoulent violemment les Allemands. Une nouvelle colonne débouche alors et, une fois encore, barre la route à nos soldats. Le commandant s'élance de nouveau contre cette nouvelle troupe, mais, en l'abordant, il tombe grièvement blessé et disparaît au milieu des rangs ennemis.

A cette vue, le capitaine Grandmange prend le commandement et, suivi par la poignée survivante des défenseurs de la tranchée, il se fraie, à l'arme blanche, un sanglant passage, qui lui permet de rejoindre avec ses hommes le gros du bataillon, qui s'est replié dans une seconde tranchée dominant la première.

De ce second point d'appui, le 10ᵉ bataillon, rallié par son nouveau chef, commence, avec ce qui lui reste de munitions, un feu d'enfer, qui contraint les Allemands à se replier à leur tour. Beaucoup d'entre eux dégringolent le Rotheberg, poursuivis par les balles des chassepots.

A ce moment critique, le général von François fait avancer le régiment de grenadiers prussiens, qui se tenait à sa droite, et parvient, au prix de mille efforts, à lui faire atteindre le sommet du plateau ; il se place courageusement à sa tête et s'élance contre notre deuxième position. Sa bravoure demeure inutile : frappé de cinq balles, il tombe mortellement blessé, et notre feu écrasant rend impossible toute attaque de ce côté, du moins pendant trois heures encore.

Malheureusement, vers six heures du soir, notre gauche (division Vergé), ayant été obligée à la retraite par suite d'un mouvement tournant, et, à notre droite, l'ennemi ayant réussi, grâce à ses nombreux renforts, à occuper les bois qui de tous côtés environnent le plateau de Spickeren et l'éperon du Rotheberg, le 10ᵉ bataillon, pour éviter d'être cerné, doit à son tour abandonner la position qu'il avait, huit heures durant, si vaillamment défendue. Rallié au gros de la division vers trois heures du soir, il fut désigné par le général Laveaucoupet pour soutenir la retraite, que les Prussiens, harassés, exténués, n'osèrent pas, du reste, inquiéter.

Les pertes de cet intrépide bataillon dans cette sanglante et glorieuse affaire avaient été cruelles : trois officiers avaient été tués, MM. Lambert, capitaine, Devaut, lieutenant, et Bruand, sous-lieutenant. Sept avaient été blessés : MM. Schenck, commandant du bataillon ; Eliet, adjudant-major, Pithois et Forget, capitaines; Girardot et Perret, lieutenants, et Savoye, sous-lieutenant. Parmi ces derniers, quatre étaient tombés aux mains de l'ennemi : MM. Schenck, Eliet, Girardot et Savoye. La troupe, de son côté, comptait 215 sous-officiers, caporaux et chasseurs tués, blessés ou disparus.

On peut donc juger, par ces chiffres éloquents, combien avait été grand l'héroïsme du 10ᵉ bataillon de chasseurs et quelle admirable résistance il avait su opposer, pendant toute une journée, à des forces quintuples des siennes et soutenues par une formidable artillerie. Aussi, ne saurons-nous trop le répéter, quels résultats considérables aurait-on pu obtenir avec de pareilles troupes, si on avait su ou plutôt voulu en tirer parti !

LA DÉFENSE DU BOIS DE ROTHEBERG

PAR LE 63ᵉ DE LIGNE

(6 AOUT 1870)

Comme corollaire au sanglant et glorieux épisode du 10ᵉ bataillon de chasseurs à l'Éperon de Spickeren, qui a fait le sujet de notre dernier récit, nous placerons la défense du bois de Rotheberg par le 63ᵉ de ligne, qui soutint sa vieille et brillante réputation des guerres du premier Empire.

Le 63ᵉ, comme le 10ᵉ bataillon de chasseurs, appartenait à la division Laveaucoupet (2ᵉ brigade, général Doëns, du 2ᵉ corps, général Frossard). Le 5 août, veille de la bataille de Forbach, il occupait une position au sud de Spickeren, face à Sarrebruck, sur la croupe qui s'étend de Spickeren à Alsting; le 10ᵉ bataillon tenait l'Éperon et se préparait, par quelques travaux défensifs, à occuper vigoureusement cette position. Nos lecteurs savent quel héroïsme il déploya devant les incessantes attaques d'un ennemi dix à douze fois supérieur.

Ainsi disposée, la brigade Doëns fournit la deuxième ligne de la division Laveaucoupet.

La journée du 5 se passa tranquillement, bien que certains indices dénotassent, de la part des Prussiens, une prochaine et sérieuse démonstration.

Le 6, le réveil fut sonné à quatre heures dans tous les régiments, et la brume matinale, que perçait difficilement un pâle soleil, masquait à nos troupes les mouvements de l'ennemi, qui concentrait ses masses à l'abri des nombreux bois qui enveloppent le vaste triangle formé par les groupes de Sarrebruck, Spickeren et Forbach.

Une lourde et pesante accalmie succédait aux escarmouches des jours précédents, et cette tranquillité de mauvais augure jetait comme une vague inquiétude, un indéfinissable malaise, dans les rangs du 2ᵉ corps; instinctivement, chaque régiment pliait bagage et se tenait prêt à marcher.

Vers neuf heures, quelques coups de canon s'échangeaient entre une de nos batteries, placée sur les hauteurs en arrière de Spickeren, et des batteries allemandes qui venaient de s'établir en avant de l'Exercice Platz de

Sarrebruck, battant les contreforts où nos troupes de première ligne étaient en position.

C'était le signal de la bataille, car bientôt après des masses noires et profondes d'infanterie, au manteau roulé en sautoir, débouchaient, au pas relevé, par la route de Sarrebruck et, couvertes par des nuées de tirailleurs, entamaient l'attaque par une marche directe sur notre front de combat.

De proche en proche, la lutte gagnait et s'étendait sur toute la ligne de bataille, où les grondements sourds des canons, se mêlant au bruyant crépitement d'une vive fusillade, annonçaient, non plus un engagement partiel, mais bien une sérieuse action.

Pendant quelque temps, le 63ᵉ, qui était placé, comme nous l'avons dit plus haut, en seconde ligne, n'avait pas eu à intervenir, mais son inaction ne devait pas être de longue durée, car l'ennemi, comprenant que les hauteurs de Spickeren étaient la clef de la position, dirigeait incessamment de nouvelles forces contre la droite du 2ᵉ corps.

Jusqu'à ce moment, le général de Laveaucoupet avait pu tenir tête à l'attaque avec sa première brigade (général Micheler); mais, sous les efforts réitérés d'un ennemi de plus en plus nombreux, les premiers régiments commençaient à s'affaiblir et les munitions à s'épuiser. Il devenait donc urgent de porter la deuxième ligne en soutien de la première : la brigade Doëns reçoit alors l'ordre d'avancer.

Le 2e de ligne, en colonne par compagnies à demi-distance, poussant droit devant lui, entre dans le bois de Rotheberg pour soutenir le 10e bataillon, assailli de toutes parts; les 1er et 2e bataillons du 63e de ligne sont portés un peu en avant de Spickeren, le 3e bataillon est déployé, avec la batterie de mitrailleuses, dont il forme le soutien à la droite, presque en avant d'Alsting. Le feu est, à ce moment, d'une extrême violence et, du côté des Allemands, c'est une effroyable canonnade, qui couvre nos bataillons d'une nuée d'obus.

Après une heure de lutte inégale, le 2e de ligne, écrasé, est rejeté hors du bois, laissant, sous les épais couverts de Rotheberg, dont les arbres sont déchiquetés par la mitraille, les preuves sanglantes de sa vaillance. Ce régiment est alors ramené jusqu'au fond même du ravin, dans lequel coule, vive et claire, la source du Sour-bach.

Les Prussiens, profitant de ce mouvement de retraite, arrivent au pas de course, et, toujours prudents, s'arrê-tent à la lisière du bois. C'est alors que les 1er et 2e bataillons du 63ᵉ reçoivent l'ordre de se porter en avant. Ils se forment pour cette attaque; le 1ᵉʳ bataillon à gauche en colonne double, le 2ᵉ en ligne déployée, le drapeau flottant

Fig. 4. — L'artillerie française commença le feu avec une terrible intensité.

fièrement, entouré de sa garde, au centre. Sur l'ordre du colonel Zentz (1), les tambours et clairons sont réunis

(1) Le colonel Zentz d'Alnois devint depuis un de nos plus éminents commandants de corps d'armée; il était à la tête du 11ᵉ corps depuis

en arrière en un groupe compact, battant et sonnant la charge avec un entrain endiablé.

Les bataillons s'ébranlent alors au pas de charge; ils entrent dans le bois, l'arme basse, sans tirer un coup de fusil et chargent avec fureur les lourds Poméraniens de la division Spültnagel qui, n'attendant pas le choc de nos baïonnettes, battent précipitamment en retraite. Cependant, arrivés à un endroit du bois très fourré, presque inextricable, les Prussiens font demi-tour et essaient de tenir tête. Un combat acharné s'engage, on se fusille à bout portant, le jeune lieutenant Louis de Beaurepaire et le vaillant capitaine Demonchy tombent là, mortellement frappés, en enlevant leurs hommes; mais rien ne peut arrêter notre élan, et ceux qui tombent, si nombreux qu'ils soient, n'inspirent à ceux qui sont épargnés qu'un sentiment, la vengeance. Aussi, après un quart d'heure de lutte, les Prussiens cèdent et sont enfin chassés de leurs positions primitives.

L'action se trouve ainsi reportée, sur toute la ligne, à l'extrémité septentrionale de l'Éperon et à la lisière nord du bois de Rotheberg, que les deux bataillons du 63ᵉ garnissent aussitôt.

quelques années lorsque, par le décret du 25 août 1885, il fut admis par limite d'âge dans la 2ᵉ section de l'état-major général.

L'ennemi, voyant tous ses efforts repoussés de front, dirige sur nos flancs les troupes fraîches qui ne cessent de lui arriver. Le 3ᵉ bataillon, qui a rejoint le corps du régiment, fait alors face à gauche pour repousser toute attaque venant de ce côté. Dans cette situation, le 63ᵉ, entièrement réuni, lutte avec succès, jusqu'à quatre heures de l'après-midi, contre les nombreux bataillons allemands, qui cherchent à l'entamer. A l'extrême gauche, la compagnie Gerboin (1ʳᵉ du 3ᵉ) repousse, jusqu'à quatre reprises différentes, l'attaque de flanc que l'ennemi essayait de prononcer.

Malheureusement, les braves défenseurs du Rotheberg restent sans renfort, sans soutien, et les obus, les boîtes à mitraille, les balles, en creusant sans cesse de larges sillons dans leurs rangs, les ont tellement décimés, que la partie devient de plus en plus inégale contre les masses prussiennes, qui ne cessent de grossir.

Le général de Laveaucoupet prescrit alors au colonel Zentz, qui vient de prendre le commandement de la brigade (le général Doëns venant d'être mortellement atteint), de reporter en arrière les défenseurs du bois. Ceux-ci se replient; arrivés sur le sommet des pentes de la rive droite du Sourbach, ils sont arrêtés par le colonel Zentz qui, prenant quelques compagnies de son régiment, leur fait jalonner, avec les sacs, une nouvelle ligne de défense.

Au 63⁰ viennent également se joindre les 24⁰ et 40⁰ de ligne, et les débris de ces trois régiments forment alors deux lignes épaisses de tirailleurs, dont la seconde, grâce à la déclivité très prononcée du terrain, peut tirer par-dessus la première sans danger de l'atteindre. L'artillerie divisionnaire, qui s'est repliée en arrière de Spickeren, est rappelée, mise en batterie à droite et à gauche des tirailleurs, et l'ordre formel de canonner les bois qui sont en face d'elle lui est donné. Le feu commence de notre côté avec une terrible intensité; aussi les Prussiens, qui avaient suivi nos troupes dans leur mouvement de retraite, sont-ils arrêtés net à la lisière du Rotheberg, par ce dispositif aussi solide qu'heureusement conçu.

Il était environ sept heures du soir. La lutte se continue ainsi, acharnée de part et d'autre. En vain, à plusieurs reprises, les Allemands, entraînés par leurs officiers, essaient de sortir du bois et de marcher à l'assaut de nos lignes. Nos troupiers les en empêchent sans cesse; couchés à plat ventre, bien défilés, ils ajustent avec sang-froid, tirent avec calme, et leurs chassepots font les plus sérieux ravages dans les rangs ennemis qui, après chaque tentative, se replient en désordre sous les futaies du Rotheberg, laissant bon nombre des leurs sur le terrain.

Le colonel Zentz, seul debout, se promène entre la première et la deuxième ligne de ses tirailleurs, surveillant les mouvements de l'ennemi. Tout à coup, on le voit chanceler, puis se renverser brusquement en arrière de toute sa hauteur. Le régiment pousse un cri : « Le colonel est tué! » mais lui, se relevant en souriant : « Cela n'est rien, » dit-il, et ramassant son épée, il reprend froidement son poste d'observation. Il avait été atteint en pleine poitrine par une balle morte, dont le choc l'avait jeté à terre, sans lui causer aucun mal.

Ce ne fut qu'à la nuit noire que le combat cessa des deux côtés; nous restions complètement maîtres de la deuxième partie de la position dont, malgré leur énorme supériorité numérique, les Prussiens n'avaient pu s'emparer. Nos soldats avaient donné là tout ce qu'ils pouvaient d'énergique résistance, et les traits suivants, que nous empruntons à l'historique même du corps, le démontrent éloquemment.

Le soldat Krœuter, couché tout à l'extrémité de l'Éperon, encrasse plusieurs fusils à force de faire feu et tire consciencieusement en ajustant bien son homme; rarement il manque son but. A un moment, une balle lui fait à l'épaule une légère blessure. Sans se déranger, Krœuter continue à tirer ; une nouvelle balle lui enlève son képi, avec une forte mèche de cheveux et un morceau de cuir chevelu : le brave soldat trouve que ce n'est encore rien. Toutefois, comme le sang qui coule de sa blessure l'empêche de viser, il prie le lieutenant de Vivien, qui est à ses côtés, de lui arranger son mouchoir autour de la tête, et Krœuter se remet à fusiller les Prussiens de plus belle.

Peu après, comme il est en joue, une troisième balle vient de lui briser les doigts de la main droite. Cette fois, le vaillant Alsacien se fâche tout rouge ; d'un bond, il est sur ses pieds et, frappant le sol avec la crosse de son fusil, tandis que la main mutilée se tend menaçante vers l'ennemi : « Ah! ça, tas de feignants, vous tirez donc toujours sur le même ici! » et il faut à Krœuter un ordre formel de son capitaine pour qu'il quitte sa place et aille se faire panser.

Le soldat Deymier est également superbe de sang-froid, ajustant sa hausse et visant avec autant de calme qu'au tir à la cible : « C'était vraiment un admirable soldat! » s'écriait, le soir, le capitaine Gerboin, qui l'avait vu combattre toute la journée à ses côtés.

Le sergent Morizur, voyant tomber son capitaine, M. Le Joindre, sort du bois, s'élance vers son chef, le ramasse et le charge sur ses épaules, malgré les balles qui font rage de ce côté. Presque aussitôt, il tombe avec son précieux fardeau : quatre balles viennent de l'atteindre en moins d'une seconde; une lui fracasse le poignet droit, une autre lui brise le coude, la troisième lui traverse l'épaule; enfin, la quatrième lui laboure la cuisse gauche. Se voyant dans l'impossibilité de sauver son capitaine, Morizur essaie de rejoindre sous bois sa compagnie, mais il tombe dans un parti de Prussiens, qui le brutalisent et le rouent de coups, le laissant pour mort sur le terrain. Morizur survécut pourtant à ses multiples blessures, et, en rentrant de captivité, il reçut la croix d'honneur, qu'il avait si vaillamment gagnée.

Vers neuf heures du soir, le général de Laveaucoupet replia sa vaillante division en arrière de Spickeren, occupant toujours ce village par ses avant-postes. On ne tirait plus, car les troupes de l'ennemi, aussi harassées que les nôtres, n'étaient en état ni de continuer le combat, ni de marcher en avant. A dix heures du soir, le 63ᵉ de ligne recevait l'ordre de battre en retraite et de couvrir le mouvement de la division. Les pertes de ce brave régiment furent très grandes, et il ne tint pas à lui que cette bataille ne fût un succès pour nos armes, car il s'y comporta avec l'énergie et la solidité d'une bonne troupe, et son chef, le colonel Zentz, fut superbe d'intelligence et d'audace.

Le 63ᵉ comptait en cette glorieuse affaire 5 officiers tués : les capitaines Demonchy, de Beurmann, les lieutenants de Beaurepaire, Vachette et le sous-lieutenant North, ainsi que 26 hommes de troupe. 10 officiers étaient plus ou moins grièvement blessés : le commandant Lespieau, les capitaines Poissot, Ruillier, Gerboin, Le Joindre, les lieutenants Moinot, Vendelobo, Braun, Lacombe, le sous-lieutenant Gille, et 322 sous-officiers et soldats.

Ces chiffres prouvent éloquemment avec quelle énergie le 63ᵉ avait combattu. Écrasé par le nombre, mais non vaincu, il était prêt à recommencer la lutte le lendemain, prêt à donner son dernier effort et son dernier homme pour cette chose sacrée : la Patrie! Malheureusement, son héroïsme ne devait plus être utilisé, et comme tant d'autres braves régiments, il lui était réservé de finir par la capitulation et la captivité.

DÉFENSE DE STYRING-WENDEL

PAR LE 55ᵉ DE LIGNE

(FORBACH, 6 AOUT 1870)

Il est six heures du soir, la bataille est en pleine intensité et, malgré des forces sans cesse grossissantes, les Prussiens, qui ne peuvent avancer de front sur nos positions sans subir des pertes énormes, usent alors de leur tactique habituelle, qui consiste à envelopper nos ailes en décrivant devant nos lignes et, grâce à leur grande supériorité numérique, une sorte d'immense éventail.

A cette heure pourtant tardive, si l'on songe que le combat est engagé depuis huit heures du matin, l'ennemi, n'a fait aucun progrès sérieux, et sauf l'Éperon de Spickeren, qui nous a été enlevé vers quatre heures, parce que la poignée d'hommes chargée de sa défense a été littéralement noyée sous les flots allemands, le reste de notre front de combat est toujours intact.

C'est alors que les Prussiens dessinent un mouvement prononcé sur Styring-Wendel, cherchant à entourer notre extrême gauche, qui commence à faiblir sous leurs efforts réitérés.

Le général Letellier-Valazé, qui commande la 1re brigade de la 1re division (général Vergé) du 2° corps, se porte alors en avant avec sa brigade, composée des 32° et 55° de ligne, deux beaux régiments, illustrés par tout un passé de vaillance et de gloire et qui, malgré la fortune adverse, sauront encore, ce jour-là, se montrer les dignes émules de leurs devanciers.

Avec ces troupes solides, il se prépare à opérer un vigoureux retour offensif contre les forces ennemies qui, s'avançant sous le couvert de la forêt de Styring, commencent à inquiéter sérieusement notre flanc gauche.

Le 55° de ligne est alors lancé en avant; en tête, marche son 3° bataillon, dirigé par le commandant Millot (1). Sur l'ordre du général Vergé, deux compagnies de ce bataillon sont déployées en tirailleurs, à l'angle du bois de Styring et commencent un feu des plus violents. Protégé par ces compagnies, le bataillon se porte résolument en avant, enlevé par son vigoureux chef et pénètre dans

(1) Ancien commandant en chef du corps expéditionnaire du Tonkin, mort le 17 mai 1889.

le bois, malgré une très vive fusillade de la part de l'ennemi. En quelques minutes, le sol est jonché de nos morts et de nos blessés, mais l'élan des fantassins du 55° a été si magnifique d'énergie et d'entrain que les Allemands, peu soucieux de faire connaissance avec leurs baïonnettes, se sont enfuis avant d'être abordés, se repliant en désordre et nous abandonnant le bois.

Pendant la durée de ce court mais brillant engagement, le 1er bataillon qui est demeuré sur la route, se trouvant exposé au feu de l'ennemi, se met à l'abri derrière les maisons qui la bordent, tandis que le 2e garde sa position de soutien derrière Styring. A ce moment, des habitants de cette localité viennent prévenir le colonel de Waldner-Freundstein, commandant le régiment, que les Allemands, chassés de la lisière du bois, tentent un mouvement tournant contre Styring, en se glissant le long des rampes du chemin de fer.

Le colonel ordonne aussitôt au chef du 1er bataillon, M. Dameï, d'établir son monde dans les maisons qui commandent la plaine, de s'y retrancher solidement et d'opposer une grande ténacité contre toute tentative ennemie de ce côté. Pendant que le 1er bataillon prend ainsi ses dispositions défensives, le 3e reçoit l'ordre d'abandonner le bois de Styring, qu'il a si vaillamment conquis une heure auparavant et dans lequel il a su se maintenir, en dépit des retours offensifs d'un ennemi très supérieur en nombre, pour venir rejoindre à Styring le 1er bataillon et lui prêter un concours efficace.

Le 3e bataillon se met alors en retraite, en bon ordre, couvrant son mouvement par des tirailleurs, qui contiennent l'ennemi à sérieuse distance, et, vers sept heures, il opère sa jonction avec le 1er, entre les Forges de Styring et les bois de Spickeren. Réduit à la défensive, le colonel de Waldner veut, du moins, l'utiliser dans les meilleures conditions, et opposer aux masses allemandes, qui commencent à surgir de toutes parts, une résistance énergique. A cet effet, il a l'idée fort heureuse de faire construire avec tous les matériaux à sa disposition, voitures, charrettes, poutres, échelles, bottes de paille, etc., une immense barricade qui, reliant les maisons des forges à celles qui bordent la route, présentera un front de défense extrêmement solide et des plus résistants. Aussitôt achevée, la barricade, ainsi que les maisons, sont immédiatement occupées par les soldats des 1er et 3e bataillons, qui ont pour soutien, à 300 mètres environ derrière eux, le 2e bataillon, formé en colonne double et couvert par deux de ses compagnies déployées en tirailleurs. Ces dispositions prises et exécutées, le colonel de Waldner,

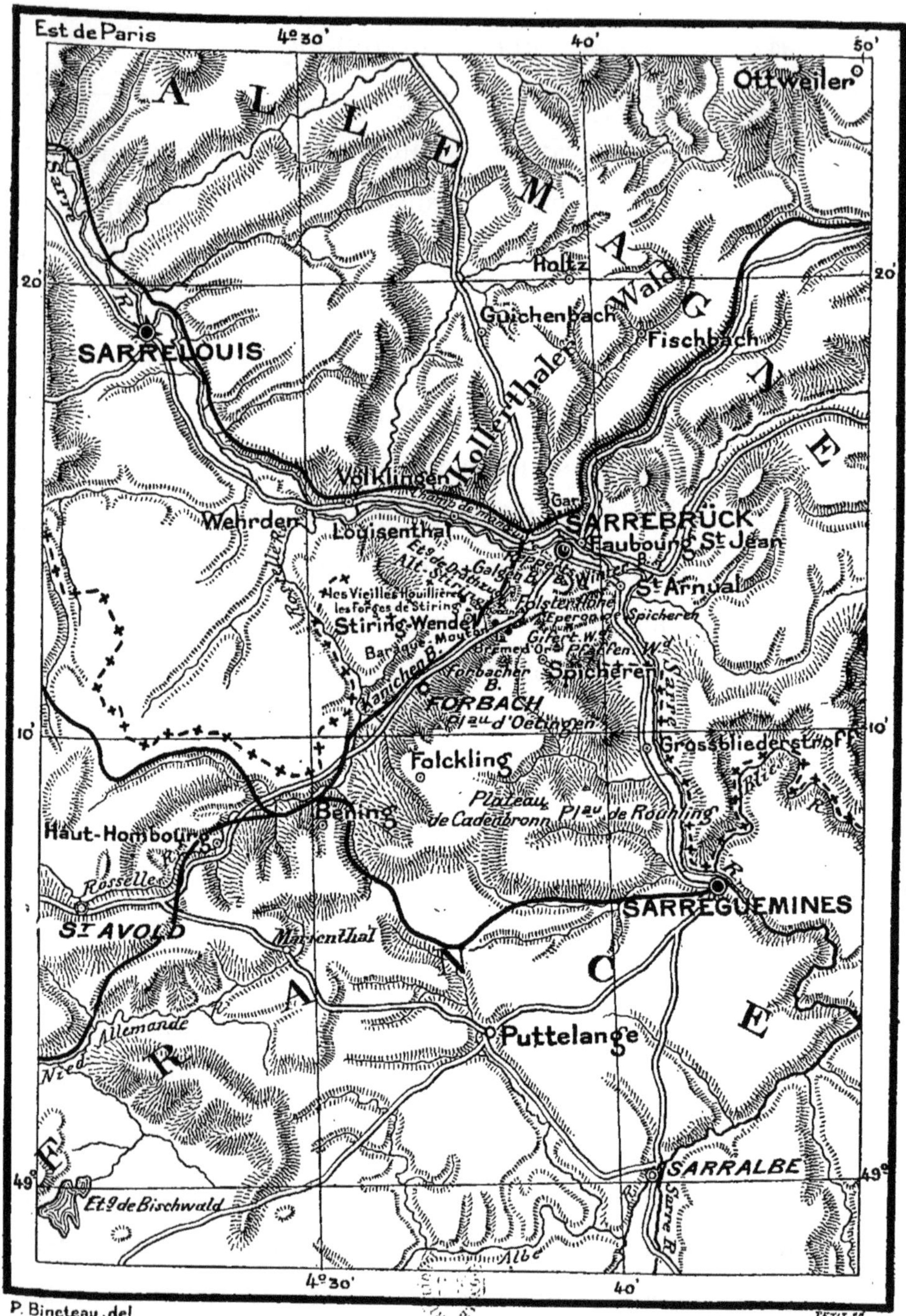

Fig. 5. — Carte pour la bataille de Forbach. — Échelle $\frac{1}{320000}$.

entouré de ses commandants Dameï et Millot, attend avec calme l'arrivée de l'ennemi.

C'est alors qu'aux dernières lueurs du jour, nos soldats aperçoivent tout d'abord une première ligne de tirailleurs allemands qui, sortant du bois faisant face au village, s'agenouillent et exécutent, pendant quelques minutes, un feu roulant contre notre ligne de défense. La fumée de cette intense fusillade est à peine dissipée, qu'une seconde ligne, plus fournie que la première, se présente à son tour, suivie de colonnes compactes, qui se dirigent, soutenues par leurs chaînes de tirailleurs, droit sur Styring-Wendel, qu'elles enveloppent d'un cercle de feu.

De notre côté, tout reste muet : pas un cri, pas un coup de feu ne retentit, on attend, l'œil fixe, le cou tendu, le doigt sur la détente que les Allemands se rapprochent davantage pour les broyer plus sûrement.

Arrivés à 300 mètres de la barricade, les Prussiens semblent s'arrêter, hésitants : leur feu devient irrégulier et ne pétille plus que par brusques saccades; évidemment, l'effort final approche et, grâce aux ombres de la nuit qui tombent sur le champ de bataille, les colonnes ennemies se massent, prêtes à s'élancer. Un long silence couvre la plaine; puis, tout à coup, dans ce silence, retentit un *hurrah!* guttural que répètent des milliers de voix... c'est l'attaque! Au même moment, presque simultanément, éclate une furieuse mousqueterie ; des forges à la barricade et de la barricade aux maisons de Styring, ce ne sont que longs éclairs de feu, qu'un intense crépitement, à travers desquels on distingue aux lueurs de la fusillade des corps renversés et pelotonnés en tas, d'où s'exhalent les plaintes et les gémissements des blessés.

Ce sont nos chassepots qui ont causé en quelques minutes ces cruels ravages dans les bataillons allemands qui, hachés, décimés, broyés se replient en déroute et se réfugient au plus vite dans les bois environnants, laissant une longue traînée de cadavres mutilés et sanglants en avant de Styring-Wendel !

De ce côté, l'ennemi ne songera plus à reprendre l'offensive et le 55ᵉ, qui conserve jusqu'à la nuit sa position, est désigné par le général Vergé pour soutenir la retraite des régiments de sa division. Quand les derniers traînards ou égarés eurent disparu dans les sentiers et les chemins conduisant à la route de Sarreguemines, le 55ᵉ, désigné comme la voie de retraite au 2ᵉ corps, se mit à son tour en marche. Il était environ dix heures du soir, et il lui fallut près de quatre heures pour franchir seulement trois kilomètres, tellement l'encombrement était grand sur cette unique route, où défilaient pêle-mêle, et dans l'obscurité d'une nuit très noire, fantassins, cavaliers, artilleurs, convois de blessés et impédimentas de toute sorte et toute nature.

La 3e compagnie du Ier bataillon (lieutenant Santelli) formait l'extrême arrière-garde, et cette poignée d'hommes accomplit sa difficile et périlleuse mission avec un merveilleux sang-froid. Malgré le feu continu des Allemands qui tenaient vigoureusement le contact, elle opéra son mouvement rétrograde, en sections par échelons, lentement, sans brûler une cartouche, maintenant toujours l'ennemi à distance par la solidité de son attitude. Vers trois heures, elle rejoignait le régiment, ayant perdu 19 hommes qu'on fut forcé d'abandonner sur la route.

Dans ce sanglant combat où, comme on a pu le voir, le 55e de ligne, sous l'impulsion intelligente et ferme de son colonel, M. de Waldner-Freundstein, et la vigueur de ses braves chefs de bataillon, MM. Dameï, Chanon et Millot, déploya le plus superbe entrain en même temps que le plus grand sang-froid, ce régiment eut un officier tué, M. le lieutenant Camaud, et quatre blessés, MM. Bateman, capitaine, de Marsilly du Verdier et Bousson, lieutenants, et Boudeville, sous-lieutenant. Les pertes de la troupe s'élevèrent à 200 hommes tués, blessés et disparus. Le 3ᵉ bataillon, qui avait si vigoureusement donné dans les bois de Styring, avait beaucoup plus souffert que les autres, aussi son chef, M. le commandant Millot, reçut-il la croix de la Légion d'honneur pour sa brillante conduite.

Quelques jours plus tard, à Rezonville et à Saint-Privat, le 55ᵉ donnait de nouvelles preuves de son courage et de sa fermeté; et, certes, comme nous l'avons souvent répété dans ces récits sincères, ce fut bien un crime de lèse-patrie que celui qui obligea de pareilles troupes à subir les hontes d'une capitulation et les rigueurs d'une captivité, qu'auraient dû leur épargner à jamais la vaillance, la discipline et l'abnégation dont elles donnèrent des preuves si réelles, si constantes dans cette période malheureuse de notre histoire militaire!

DÉFENSE DE FORBACH

PAR LE 12ᵉ DRAGONS

(6 AOUT 1870)

Cet épisode eut pour théâtre les retranchements de Forbach, défendus par une compagnie du génie, un détachement du 2ᵉ de ligne et deux escadrons du 12ᵉ dragons.

Dans l'après-midi du 6 août, alors que le combat faisait rage, et que de Spickeren à Styring-Wendel, ce n'était qu'une terrible ligne de feu de 7 à 8 kilomètres, le 12ᵉ dragons, qui était resté à cheval à son bivouac, en avant de Forbach, fournissant tour à tour des reconnaissances vers Sarrebruck, Sarrelouis et Sarreguemines, recevait l'ordre, du général Frossard, de porter deux de ses escadrons au-devant d'une forte colonne ennemie, qui arrivait par la route de Sarrelouis à Forbach.

Immédiatement, le lieutenant-colonel Dulac fait monter à cheval les 4e et 5e escadrons et, se mettant à leur tête, il part à la rencontre de l'ennemi. Remontant la chaussée du chemin de fer, il la traverse auprès de Forbach et court sur la route de Sarrelouis.

Il n'avait pas fait 2,000 mètres qu'il se heurte à l'avant-garde d'une division ennemie, composée de 4 régiments d'infanterie, un régiment de uhlans et une division d'artillerie. C'était la 13e division d'infanterie prussienne, commandée par le général von Zastrow qui, franchissant la Sarre, au village de Vehrden, à 8 kilomètres de Verdun, venait prendre à dos l'armée française.

Vouloir, avec 250 cavaliers, barrer le passage à 10,000 hommes environ, eût été folie. Le colonel Dulac rebrousse donc chemin, ralliant en route la 2e compagnie du 2e génie (capitaine Bodin), qui battait aussi en retraite devant ces forces considérables ; il vient avec elles s'arrêter derrière des retranchements de campagne, élevés la veille par le 5e de ligne, et abandonnés dans la matinée par ce régiment, qui s'était porté en avant dans la direction de Styring. Ces retranchements se trouvaient de chaque côté de la route, près d'un cimetière, à quelques cents mètres de la gare de Forbach.

Arrivés en cet endroit, nos dragons se souvenant de

leur ancienne manière de combattre, mettent pied à terre, résolus à fusiller tout ce qui passera à portée de leurs balles et à soutenir un assaut, si on les attaque à la baïonnette. Les soldats du génie partagent également leur résolution.

Pourtant, cette poignée d'hommes ne pouvait guère arrêter la marche de la colonne allemande vers le canon de Styring, ni même inquiéter ses derrières d'une façon bien sérieuse. Aussi le général von Zastrow, se rendant aisément compte des faibles forces qui sont devant lui, file-t-il vers sa direction primitive, après avoir établi une forte batterie à 1,000 mètres environ de nos retranchements, et disposé, dans un ravin et les fossés du bord de la route, quelques bataillons déployés en tirailleurs, afin de tenir en haleine le petit détachement français.

Pendant plus d'une heure, les Allemands font un feu d'enfer sur nos soldats et, bien que dix fois plus nombreux, il ne réussissent pas à les déloger. Vers sept heures du soir, cependant, les pertes sensibles que font les défenseurs du retranchement commencent à trahir quelque indécision et un ralentissement marqué dans leur mousqueterie. Heureusement, qu'en ce moment, survient un détachement de 200 hommes du 2ᵉ de ligne, arrivant du dépôt, sous la conduite du sous-lieutenant Armand, pour rejoindre le régiment. Ce détachement, qui vient de débarquer à la gare de Forbach, en pleine bataille, est immédiatement dirigé sur la ligne des retranchements, et le feu reprend alors de notre côté avec plus d'intensité. Nos rangs sont décimés, il est vrai, mais du côté de l'ennemi, des centaines d'hommes couchés, morts ou blessés, autour de nos abris, attestent l'énergie et la ténacité de la défense.

Malheureusement, les cartouches commencent à manquer, et les Allemands deviennent de plus en plus nombreux, de plus en plus pressants. Le colonel Dulac fait alors remonter à cheval ses escadrons, et pour donner un peu d'air à nos lignes, il pousse, sur le bataillon ennemi le plus rapproché, une charge vigoureuse d'audace et d'entrain, lui sabre un grand nombre d'hommes, le disperse en partie et vient reprendre sa place aux retranchements, ramenant ses cavaliers au rôle de fantassins.

La nuit arrive enfin; la canonnade, qui faiblissait depuis une heure sur toute la ligne de bataille de Styring à Spickeren, va s'affaiblissant pour cesser ensuite complètement. Il n'y a plus à douter, les 80,000 Allemands de Steinmetz ont fini par avoir raison des 28,000 Français de Frossard, et, pour ne pas être écrasé par un retour offensif de nombreuses troupes ennemies, le colonel Dulac songe à se retirer et à rallier autant que possible les deux autres escadrons du régiment, qui, toute l'après-midi, immobilisés à leur bivouac par la nécessité de surveiller certains points, n'avaient pu prendre part à la vaillante lutte soutenue par leurs camarades des 4ᵉ et 5ᵉ escadrons.

En quittant Forbach et, après avoir dépassé la gare, le chemin de fer forme une haute chaussée, qu'on traverse par un passage voûté. La brave petite troupe, sur l'ordre du colonel ramasse alors ses blessés, et, cavalerie en queue, abandonne, en tiraillant toujours, la position qu'elle a si longuement, si courageusement défendue, se dirigeant dans le plus grand ordre vers la voûte du chemin de fer.

L'infanterie passe d'abord, les dragons suivent. Au moment où défile le dernier peloton, le colonel l'arrête et, s'adressant à l'officier qui le commande : « Lieutenant Guillaumin, dit-il, vous resterez sous cette voûte; coûte que coûte, vous en défendrez l'entrée à l'ennemi, et vous ne quitterez la place que dans vingt minutes, une demi-heure environ ! »

Immédiatement cet ordre reçu, le jeune officier fait volte-face, met pied à terre avec ses cavaliers et barricade l'entrée du passage couvert avec quelques charrettes qui se trouvaient là. On lui apporte un sac rempli de cartouches, ramassées dans une ambulance voisine, et il attend l'ennemi, bien décidé à justifier la confiance de son chef. Son attente, comme bien on pense, ne fut pas de longue durée : les Prussiens, qui suivaient de près la petite colonne française, attaquent bientôt la barricade improvisée et paraissent vouloir l'enlever de vive force ; mais la fusillade serrée et nourrie de nos dragons leur enlève le désir d'approcher de trop près. Pendant une demi-heure, la fière attitude du sous-lieutenant Guillaumin et de ses soldats contient les casques à pointe ; puis, quand le délai fixé est écoulé et qu'il juge les escadrons et le détachement à l'abri de toute atteinte de l'ennemi, il remonte à cheval, suit avec ses quinze cavaliers la grande route et rejoint la colonne en marche sur la ligne de retraite de Sarreguemines.

Tel fut ce vaillant combat, épisode inaperçu de la double action de Spickeren et de Styring. Les deux escadrons du 12ᵉ dragons, qui y prirent une si grande part, y firent néanmoins des pertes sensibles. Deux excellents officiers, aussi braves que distingués, y trouvèrent la mort : MM. les capitaines Fontaine de Cramayel et Dumont, ainsi que 17 sous-officiers et dragons. Deux officiers

Fig. 6. — Défense de Forbach par le 12ᵉ dragons.

furent blessés, MM. les lieutenants Bruny et Sacquet, et Bourgeois, médecin aide-major; 5 sous-officiers et cavaliers furent également mis hors de combat. Un dixième des hommes de deux escadrons avait donc payé de son sang cette intrépide défense, que l'ennemi lui-même ne put s'empêcher d'admirer.

En réalité, 250 dragons, 150 sapeurs du 3ᵉ génie et 200 fantassins du 2ᵉ de ligne, soit en tout 600 hommes, avaient lutté plus de trois heures contre les 15ᵉ et 16ᵉ régiments d'infanterie prussienne et le 7ᵉ bataillon de chasseurs de Poméranie, comprenant ensemble 5,000 hommes environ, soutenus par une puissante artillerie.

LE 3ᴱ ZOUAVES AU NIEDERWALD

(REICHSHOFEN, 6 AOUT 1870)

Le 6 août au matin, après une nuit pluvieuse et tandis que les zouaves faisaient sécher leurs vêtements aux feux de bivouac, en prenant le café, la compagnie de grand'garde du régiment annonce l'approche de l'ennemi et la mise en batterie de nombreuses pièces sur les hauteurs environnantes. Quelques instant après, la fusillade et la canonnade éclatent sur la gauche.

Immédiatement, le colonel Bocher, qui commande le 3ᵉ zouaves, fait prendre à son régiment les dispositions de combat; les compagnies se forment, chaque soldat visite son arme, assure la libre disposition de ses cartouches, donne un dernier tour de main à sa tenue, et tous, anxieux mais résolus, l'arme au pied et l'œil fixé vers les hauteurs boisées qui leur font face, ils attendent.

Peu à peu, la fusillade se rapproche, les balles com-

mencent à faire entendre leur brutal *zann!* et quelques
obus viennent éclater devant le front du 1ᵉʳ bataillon. Le
colonel se retourne alors, la tête haute, vers le régiment
et s'écrie fortement : « Allons, messieurs les zouaves, en
avant ! »

Par son ordre, les quatre premières compagnies du 1ᵉʳ
bataillon déposent leurs sacs et pénètrent dans le bois du
Niederwald ; la 5ᵉ forme le soutien des batteries disposées
sur la crête, et la 6ᵉ est placée en réserve dans une clai-
rière. Le 2ᵉ bataillon est déployé en tirailleurs le long de
la lisière sud, et le 3ᵉ occupe, dans le même dispositif, la
lisière nord ; quatre compagnies de ce bataillon sont
massées dans les fourrés, pour servir de réserve.

C'est la compagnie de grand'garde du 2ᵉ bataillon qui
supporte le premier choc des Prussiens. Le capitaine
Revin, qui la commande, laisse approcher l'ennemi et, à
200 mètres, ouvre un feu rapide, dont aucune balle ne
s'égare. Devant cet ouragan de plomb, les premiers assaillants se dispersent ; mais, quelques instants après, une
nouvelle et forte colonne prussienne, débouchant par la
route du Moulin et s'engageant sous le couvert du bois,
oblige nos zouaves à se replier.

Le colonel Bocher ordonne alors au 2ᵉ bataillon tout entier de se porter au-devant de l'ennemi, et le comman-

dant Pariset, se mettant à sa tête, l'enlève au pas gymnastique et prend vigoureusement l'offensive.

La lutte est acharnée, car si nos zouaves sont braves,
les Allemands sont nombreux, le bois est tour à tour pris
et repris, les attaques à la baïonnette se renouvellent avec
fureur, mais les Prussiens, recevant de minute en minute
d'importants renforts, et leur artillerie décimant cruellement nos rangs, ils forcent l'héroïque bataillon à reculer
jusqu'à l'extrême limite du bois.

Dans ce combat sanglant, le brave commandant Pariset est tué raide d'une balle au front; à ses côtés, tombe
également le capitaine de Mascureau, que ses zouaves vont
ramasser au milieu des compagnies ennemies; le lieutenant-colonel Deshorties de Beaulieu, accouru pour la
défense de ce côté, est, à son tour, mortellement frappé
d'une balle dans le bas-ventre et presque tous les officiers du bataillon sont tués ou blessés.

Le danger devient de plus en plus imminent, car, si
l'on cède sur ce point, l'aile droite de l'armée est enlevée, et c'en est fait de la division Lartigue.

Le colonel Bocher, intelligent et intrépide officier, s'il
en fut, avec sa bravoure calme et son coup d'œil infailli-
ble, se rend immédiatement compte de la gravité de la
situation : il engage dans le bois toutes les fractions du

régiment qu'il trouve à sa portée. Malgré leur courage et leur entrain, ses braves soldats sont littéralement écrasés par les masses allemandes. Tout à l'heure, on combattait un contre trois, maintenant c'est un contre dix, et pourtant c'est pied à pied, en se cramponnant en désespérés à ce bois, noir de cadavres allemands, que les zouaves du 3° régiment cèdent le terrain. Le 1ᵉʳ et le 3ᵉ bataillon, qui combattent à la partie orientale du Nieder-wald, sont dans une situation semblable à celle du 2ᵉ; n'ayant plus de cartouches, ils se ruent à la baïonnette sur les régiments allemands, qu'ils obligent à reculer, chaque fois qu'ils les abordent. Après huit heures de combats incessants contre des troupes sans cesse renouvelées et toujours fraîches, le bois finit par être envahi de toutes parts par les Allemands et le régiment français, par être écrasé dans cette lutte inégale.

Pour en sauver les débris, le colonel Bocher fait sonner la retraite, et ordonne au capitaine de Saint-Marc, aujour-d'hui général de division, tous les officiers supérieurs étant tués ou blessés, de rallier le régiment au-dessus de l'Elberbach; mais il se passe encore du temps avant que les zouaves se décident à quitter le Niederwald, qu'ils ont immortalisé par leur superbe défense.

Que de traits de courage, que d'exemples de vaillance

resteront à jamais ensevelis sous l'ombre de ces futaies!

Fig. 7. — Le colonel du 3ᵉ zouaves fait sonner la retraite.

L'ardeur de la lutte, l'épaisseur du fourré, la nature ac-
cidentée du sol ont amené depuis longtemps le mélange

des compagnies; toute direction, toute action d'ensemble sont impossibles; chaque officier encore debout, réunissant autour de lui le plus d'hommes qu'il peut, agit d'après sa propre inspiration et suivant les nécessités du moment.

Les clairons sonnent, cependant, la retraite à pleine volée. A ces appels suprêmes, désespérés, sortent enfin des taillis de nombreux groupes épars qui, successivement et non sans peine, se rallient au drapeau, que porte le capitaine de Saint-Marc, entouré de quelques sapeurs, derniers gardiens de l'étendard sacré. Malheureusement, beaucoup de zouaves, acharnés à la lutte, n'ont pas entendu, dans la fournaise où ils combattent désespérément, la marche du régiment; ils tombent aux mains de l'ennemi, épuisés, exténués, après avoir brûlé leurs dernières cartouches. C'est ainsi qu'est pris le commandant Mourlan, avec les cent cinquante hommes restés debout autour de lui.

Il est alors quatre heures du soir, l'armée française est en pleine retraite. Les débris du régiment se retirent sur le village de Reichshofen, pour prendre ensuite la direction de Saverne.

Bien que vaincu dans cette journée, le 3e zouaves peut la compter comme une des plus vaillantes de son passé, et mieux que tous les éloges, ses pertes prouvent en sa faveur.

Sur 57 officiers présents le matin, 42 sont restés dans le Niederwald, et sur ces 42, 21 sont tués et 21 blessés. Au nombre des tués sont : MM. Deshorties de Baulieu, lieutenant-colonel; Pariset et Charmes, chefs de bataillon; de Mascureau, Bruguerolle, Gaillard de la Roche, Faval, de Saint-Sauveur, Sorel, Parson et Henry, capitaines; Boileau, Teyssèdre, Vermel, Dousselin et Gros, lieutenants; Pérotel, Saltzmann, Berthemet, Buche et de ~~Saint~~-Hillerin, sous-lieutenants.

Les 21 blessés étaient : MM. Lesueur de Givry, Gaillard, Corps, Voisin et Ducroquet, capitaines; Forcioli, Gase, Lafont, Perret, de Maussion, Friquet, Blancq et Colonna d'Istria, lieutenants; Bardol, Berthelot, Bousson, Canton, Dufour, Muletier, Marie (porte-drapeau) et Schwœbel, sous-lieutenants.

Quant à la troupe, elle avait souffert dans les mêmes et sanglantes proportions, et, le soir de la bataille, sur les 2,000 hommes présents du matin, 432 seulement répondaient à l'appel de leurs noms. Dans les 1,568 manquants, 578 étaient tués, 990 blessés, et la plupart de ces derniers, trop faibles pour échapper à la poursuite des hordes allemandes, gisaient pêle-mêle dans les fermes, les

granges et les maisons des villages envahis et tombaient,
le soir et le lendemain, au pouvoir de l'ennemi.

LE 48ᴱ DE LIGNE A REICHSHOFEN

(6 AOUT 1870)

Parmi nos braves régiments d'infanterie, s'il en est un qui peut revendiquer un glorieux passé de bravoure et d'honneur, certes, c'est bien le 48ᵉ de ligne qui, créé en 1610, sous le nom de *Régiment d'Artois*, prit, depuis cette époque jusqu'à nos jours, une part des plus actives à toutes les guerres qui illustrèrent nos armes et portèrent si haut le renom militaire de la France.

Aussi, la terrible guerre franco-allemande le trouvait-elle, dès les premiers jours, à son poste de combat sur la frontière du Rhin, et bien que destiné aux plus cruels revers, ce beau régiment se distinguait, comme aux jours heureux de la victoire, par sa discipline, son courage et son abnégation.

Ce fut surtout à la bataille de Reichshofen, le 6 août

1870, que le 48e déploya un héroïsme assurément digne d'un meilleur sort. Il sortit de l'ardente fournaise meurtri, disloqué, brisé, mais pouvant s'appliquer avec une légitime fierté la phrase attribuée au roi François Ier après Pavie : *Tout est perdu, fors l'honneur!*

Au début des opérations, le 48e avait été appelé de Marseille où il tenait garnison et avait constitué, avec le 2e tirailleurs algériens, la 2e brigade (Lefevbre) de la 3e division (Raoult), du 1er corps (Mac-Mahon). Il occupait, depuis le 4 août, au centre des positions françaises, la crête d'un mamelon boisé, situé en avant de Frœschwiller, face à Wœrth, et descendant en pente douce jusqu'à la petite rivière de la Sauerbach. Sa grand'garde était postée à 200 mètres en avant, à la hauteur du village de Wœrth.

Le 6, au matin, des reconnaissances, envoyées par nos généraux vers les lignes ennemies, annonçaient des mouvements considérables de troupes du côté de nos adversaires, faisant présager une attaque imminente et brusque. En effet, vers six heures, un premier coup de canon, partant des hauteurs de Gœrsdorff, venait, en sifflant, enfoncer profondément son projectile dans une maison de Wœrth. C'était le signal et le commencement de l'action tout à la fois.

A cette détonation, suivie presque aussitôt de plusieurs

autres, la 3ᵉ division toute entière prend les armes. La 1ʳᵉ
brigade se porte en avant de Wœrth, le 2ᵉ zouaves adossé
au village, le 36ᵉ de ligne un peu en arrière et le 13ᵉ bataillon de chasseurs en réserve. Les trois bataillons du 48ᵉ
sont disposés en seconde ligne et placés de la manière suivante : le 3ᵉ déploie les premières sections de ses compagnies en tirailleurs (les deuxièmes restant en soutien), pa-
rallèlement à la vallée de la Sauerbach, flanquant à droite
et à gauche une batterie de position, établie depuis la veille
au soir. Le 2ᵉ bataillon prend la même formation que le
3ᵉ, ses tirailleurs s'éparpillant dans les vignes en avant
du mamelon, défendant le passage de la Sauerbach; enfin, le 1ᵉʳ bataillon laisse ses quatre compagnies de droite
en bataille et ses 5ᵉ et 6ᵉ en colonne, l'arme au pied, derrière le 2ᵉ bataillon.

Jusqu'à neuf heures et demie, le régiment reste dans
ce dispositif, sans avoir trop à souffrir du feu de l'ennemi,
dont la canonnade, bien que très intense, ne produit pas
d'effets sérieux, grâce aux pluies qui ont détrempé le terrain, pendant les jours précédents, et dans lequel s'enfoncent les projectiles sans éclater.

Vers dix heures, les Prussiens, recevant d'instant en
instant d'imposants renforts, accentuent leur attaque sur
tout notre front de combat, qu'ils semblent, grâce à leur

énorme supériorité numérique, envelopper d'un cercle de
fer. Du Niederwald, où se trouve notre extrême droite, à
Neehwiller, occupé par la division Ducrot qui forme notre gauche, l'action devient générale et une masse profonde d'infanterie ennemie, sortant des nombreux bois
qui couvrent le champ de bataille, s'avance de toutes parts,
protégée dans son mouvement offensif par les feux d'une
puissante artillerie. A partir de ce moment, les 35,000
Français de Mac-Mahon vont avoir à combattre plus de
100,000 Allemands et aux 300 pièces de leur artillerie,
nous avons à peine à opposer 80 canons d'un chargement,
d'un calibre et d'une portée sensiblement inférieurs, et
pourtant, jusqu'à la nuit, nos soldats vont intrépidement
résister à l'ouragan de plomb et de fer qui va se déchaî-
ner contre eux et disputer pied à pied, en le semant de
cadavres ennemis, le terrain qu'ils occupent.

Le 48e de ligne qui, jusque-là, n'a été que faiblement
engagé, entre alors en action et se porte, partie vers le
bois de Frœschwiller, que commencent à envahir des colonnes prussiennes qui ont franchi à gué la Sauerbach,
partie vers Wœrth, sérieusement menacé. De tous côtés,
l'ennemi est vigoureusement reçu, et bien que très supérieur en nombre, ne peut avancer que lentement, avec la
plus grande peine et en faisant des pertes énormes. Deux

fois même, il est repoussé par le 2ᵉ bataillon du 48ᵉ et le

Fig. 8. — Charge du 2ᵉ turcos à Frœschwiller.

2ᵉ turcos, qui fournissent des charges à la baïonnette, su-
superbes d'élan et d'entrain, mais, comme disent nos bra-

ves soldats en essuyant leur terrible fourchette, rouge de sang jusqu'à la croisière : *Vrai, ils sont trop!* et c'est étouffés, noyés sous les hordes allemandes qu'ils doivent céder le terrain.

Les débouchés du village de Wœrth sont surtout défendus à outrance : malheureusement notre aile gauche, débordée par les Bavarois du 1er corps, oblige le 2e turcos, soutenu par le 2e bataillon du 48e, à éparpiller la défense et à faire face à ce nouvel ennemi. La lutte est acharnée, surtout aux abords des quelques épaulements et abatis de branchages construits à la hâte, sur le chemin forestier de Gœrsdorff à Frœschwiller. Pendant que les turcos du 2e régiment, dont les pertes sont de plus en plus cruelles, tiennent l'ennemi en échec par leurs contre-attaques réitérées, le 48e, soutenu à son tour par un bataillon du 78e, lutte à leur droite avec intrépidité et résiste énergiquement au flot allemand, qui roule sans cesse plus intense et plus formidable.

Mais les forces humaines, le courage, le dévouement, l'abnégation, ont des limites au-dessus desquelles ne peuvent s'élever même les troupes les plus vaillantes, et notre artillerie qui, jusqu'ici, avait couvert nos soldats de ses feux, à bout de munitions, désemparée, écrasée par sa redoutable adversaire, en devenant subitement silencieuse,

oblige ceux-ci, accablés par de nouvelles et incessantes attaques, inondés en quelque sorte par une effroyable averse
de plomb et de feu, à battre enfin en retraite. Une fraction
du 48ᵉ se replie alors en assez bon ordre, mais le gros du
régiment, qui combat à la droite de Wœrth, plie, cède et
se débande tout à coup sous les continuels efforts de l'ennemi. Le colonel Rogier, qui voit la folle panique prête
à s'emparer de ses hommes, court alors se placer en avant
de Frœschwiller, avec l'aigle du régiment, que tient haut
et ferme le sous-lieutenant Schneider, et s'écrie d'une
voix tonnante : « Au drapeau, mes enfants ! ralliement au
drapeau ! »

Des fractions éparses se réunissent alors à lui, et sous
ses ordres prennent lentement la direction de la route de
Saverne.

D'un autre côté, le lieutenant-colonel Thomassin qui,
quoique très souffrant, n'a pas voulu quitter son poste de
combat, s'élance en voyant faiblir ses hommes et, à cheval,
le képi au bout du sabre, il entraîne, rallie et groupe le
plus de monde possible. Sous une pluie de balles, superbe
d'audace et d'intrépidité, il ramène en avant la poignée
de braves qui le suit et charge avec impétuosité les fantassins bavarois. Malheureusement, tant de courage devait
demeurer inutile, et ce suprême effort rester sans résultat.

Devant les masses allemandes qui s'avancent de toutes parts et menacent de les cerner, la retraite s'impose à nos malheureux soldats, et les survivants du 48ᵉ et 2ᵉ turcos se retirent vers la route de Saverne en brûlant leurs dernières cartouches. Quant au colonel Thomassin, exténué de souffrance, il tombe de cheval et, après une résistance désespérée, il est pris avec les quelques soldats qui l'entourent et le défendent avec rage.

Il est près de six heures, le 48ᵉ a tiré son dernier coup de fusil et, plus éloquemment que toutes les phrases du monde, ses pertes diront quelles furent sa vaillance et sa solidité, car dans cette meurtrière bataille, où pendant huit heures, les Français luttèrent *un contre quatre*, ce régiment compta, sur 60 officiers présents le matin, 43 mis hors de combat et sur un effectif de 2,000 hommes de troupe, 1,200 tués, blessés ou prisonniers. Douze officiers moururent sur le champ de bataille; nous devons, pour glorifier leur mémoire et celle du brave 48ᵉ, citer leurs noms, inscrits déjà en lettres d'or sur les tables du régiment. Ce furent : MM. Thomas de Laborde, capitaine-adjudant-major, André, Chanez, Gaspard et Vignal, capitaines; Buécher, Fayet, Schmitz et Grandbastien, lieutenants; Belot, Brasseur et Louis, sous-lieutenants.

Le lendemain, 7 août, les débris du 48ᵉ se reconsti-

tuaient à Saverne. Le régiment ne comptait plus alors que
17 officiers et 800 hommes environ. A ces braves, il était
encore réservé de gravir le triste et sanglant calvaire de
Sedan et de trouver la récompense de leur bravoure et
de leur abnégation dans une déplorable capitulation d'a-
bord, et dans une cruelle captivité ensuite!

LE DRAPEAU DU 36ᴱ DE LIGNE

A FRŒSCHWILLER

(6 AOUT 1870)

Dernièrement, au cours d'une promenade, notre regard fut attiré, devant la vitrine d'un encadreur-miroitier, par une belle gravure extraite d'un tableau du peintre militaire Beaumetz, intitulé : *Ils ne l'auront pas!* Des soldats français, groupés autour d'un drapeau à demi enterré, font énergiquement le coup de feu contre des Allemands, qui s'avancent en colonnes profondes et semblent les cerner de toutes parts; quelques-uns de ces soldats, abrités par leurs camarades, piochent fiévreusement le terrain autour de l'emblème tricolore, qui commence à disparaître sous la terre qu'ils amoncellent sur lui. La scène est belle, pleine de mouvement et d'énergie; le courage, l'anxiété qui brillent dans les yeux de ces braves troupiers, la certitude qu'ils paraissent avoir de leur perte prochaine, et pourtant l'ardent dévouement qu'ils ne cessent de montrer, font de cette toile une page d'une intense vérité.

Ce triste épisode de nos jours malheureux nous a remis en mémoire un fait absolument semblable qui, peut-être, a servi de canevas et d'inspiration au peintre Beaumetz. C'est la défense du drapeau du 36ᵉ de ligne, qui n'échappa, et encore pas tout entier, aux mains allemandes que par miracle, le jour de Frœschwiller (6 août 1870). Cet exploit fait le plus grand honneur aux braves du 36ᵉ et démontre éloquemment la stoïque abnégation que ne cessèrent de déployer, pendant cette période si fatale pour nos armes, les intrépides soldats de 1870.

Il était cinq heures du soir ; la lutte, où 35,000 Français luttaient depuis six heures du matin contre plus de 100,000 Allemands, se terminait. De tous côtés, et sur tous les points du vaste champ de bataille, sortaient de l'ardente fournaise, harassés, exténués, obéissant comme à regret aux sonneries désespérées des clairons sonnant la retraite, fantassins, cavaliers de toutes armes, artilleurs, tous cherchant leur régiment, leur escadron, leur batterie, essayant dans ce chaos un ralliement impossible, et, de guerre lasse, se mettant les uns et les autres en marche pour leur propre compte.

Fig. 9. — Défense du drapeau du 36ᵉ de ligne, à Frœschwiller.

Parmi ces groupes épars luttaient encore énergiquement, entourés et suivis de très près par une forte troupe bavaroise, une trentaine d'hommes, appartenant au 36ᵉ de ligne. Rangés autour du drapeau de leur régiment, ils semblaient, en cet instant critique, vouloir le disputer jusqu'à la mort aux ennemis qui les entouraient. Ces hommes intrépides et dévoués battaient en retraite, faisant toujours face à l'ennemi; ils maintenaient courageusement à distance leurs nombreux et tenaces adversaires.

Au moment où, pas à pas, ils se dégageaient insensiblement du cercle de fer qui les étreignait, le porte-drapeau, le sous-lieutenant Beaumelle, tombe blessé, entraînant dans sa chute le symbole sacré du régiment. Ce brave officier, se relevant à demi, tend alors son aigle au sous-lieutenant Lacombe, qui est à ses côtés, en lui disant : « Sauve-le! » puis retombe, ensanglanté, sur le sol.

Un temps de surprise et d'arrêt se produit alors dans la petite troupe française. Aussitôt, des nuées d'ennemis se précipitent pour s'emparer du noble étendard; les quelques sapeurs qui forment sa garde luttent en désespérés, et à coups de baïonnette, à coups de crosse, ils parviennent à écarter les Bavarois qui les pressent; mais cette lutte inégale ne peut continuer longtemps, et ces braves gens vont succomber sous le nombre, lorsque

l'un d'eux se met à crier avec l'énergie du désespoir :
« Camarades, au drapeau ! »

Cet appel est entendu. Plusieurs officiers du régiment, le capitaine Chevillard, les lieutenants Brambille, Pastoureau, les sous-lieutenants Charcot, Lacombe et Pihet rassemblent à la hâte ce qui reste du 36ᵉ, les entraînent en avant, se jettent sur l'ennemi, le dispersent et parviennent à dégager l'aigle compromise. Cette vaillante petite troupe, une fois son œuvre de délivrance accomplie, se remet en route et s'engage dans la grande rue de Frœschwiller ; elle y est à peine entrée que le lieutenant Brambille, qui marche en avant, s'écrie : « L'ennemi ! voilà l'ennemi ! »

En effet, les Bavarois entraient en ce moment de tous côtés dans les rues du village, semblables à un torrent qui vient de briser ses digues. Ils aperçoivent le groupe du 36ᵉ et le criblent de balles. En quelques minutes, cette phalange de valeureux et obstinés soldats est broyée, dispersée. Le lieutenant Brambille tombe grièvement blessé, et une fois encore il ne reste plus autour du drapeau qu'une poignée d'hommes, parmi lesquels les sous-lieutenants Pihet et Lacombe, deux sapeurs et une dizaine de soldats.

Poursuivis vivement par l'ennemi, ils entrent dans

une grange, qu'ils trouvent ouverte sur leur passage ; ils en barricadent aussitôt la porte, prêts à se défendre jusqu'à la dernière extrémité. Ces braves gens n'ont plus qu'un souci, sauver l'honneur du régiment. Ils cherchent vainement à brûler le drapeau, mais les moyens matériels manquent ; c'est alors que le sous-lieutenant Pihet, désespérant d'y parvenir, arrache précipitamment les franges et la soie de la hampe et les cache soigneusement sous un amas de fagots.

Un soldat a déjà brisé le bâton en plusieurs morceaux, il s'apprête à détacher l'aigle, lorsque la porte de la grange vole en éclats et que fait irruption une nombreuse troupe bavaroise, dirigée par quelques officiers. L'un d'eux, apercevant le soldat qui tient encore l'aigle dans sa main, se précipite sur lui, le sabre haut, et lui arrache son précieux dépôt, sans que ses camarades entourés, pressés, frappés de toutes parts, aient les moyens, non seulement de se dégager, mais encore de se servir de leurs armes.

C'en est fait pour nos malheureux soldats, toute résistance est désormais impossible et c'est la rage au cœur, les larmes aux yeux, qu'ils sont contraints de mettre bas les armes et d'obéir, en se rendant, à la fatale loi du nombre.

Quant aux restes du drapeau du 36°, c'est-à-dire la soie et les franges, habilement dissimulés sous les fagots, ils ne furent pas découverts par les Allemands; ce ne fut que quelques jours plus tard, qu'un curé des environs, qui rendait les derniers devoirs et donnait une pieuse sépulture aux cadavres qui gisaient encore épars sous les décombres du village, les trouva par hasard, dans leur singulière cachette. Comme cet ecclésiastique abritait sous son toit un lieutenant de turcos blessé, il lui confia ce dépôt sacré, certain qu'entre ses mains il serait en sûreté. Ce dernier l'emporta avec lui en captivité et, à son retour en France, il le remit lui-même au vaillant colonel Krien qui, laissé pour mort à Frœschwiller, s'était rétabli des graves blessures qu'il avait reçues dans cette bataille et était venu reprendre, à l'issue de la guerre, le commandement du 36°.

Cette restitution s'accomplit avec une touchante solennité. Le régiment tout entier fut réuni par son colonel dans une grande revue, et les lambeaux de soie et d'or qui constituaient le drapeau de 1870, et dans les plis desquels se cachaient, dissimulés par de larges plaques de poudre et de sang mélangés, les noms jadis étincelants des anciennes victoires, furent présentés devant le front des troupes; elles rendirent les honneurs militaires et défilèrent ensuite devant cette loque glorieuse, dont les nombreuses déchirures et les couleurs méconnaissables attestaient éloquemment la bravoure et le dévouement de l'ancien et valeureux 36ᵉ.

LE 45ᴱ DE LIGNE A FRŒSCHWILLER

(6 AOUT 1870)

Le champ de bataille qui porte le nom de cette localité, où le lendemain devait s'engager la terrible et sanglante action qui servit de triste préface à nos désastres de 1870, pouvait avoir 8 à 9 kilomètres dans sa plus grande longueur, sur une profondeur moyenne de 5 kilomètres. Il embrassait les villages de Wœrth, Gunstett, Oberdorf, Spacbach, Dieffenbach, Morsbronn, Elsasshausen et Frœschwiller, la clef de la position, dominant tout le pays environnant. On peut y comprendre également Reichshofen, bien que ce village n'ait joué qu'un rôle secondaire dans la bataille et qu'on se soit borné à y échanger les derniers coups de canon.

Les troupes du 1ᵉʳ corps sont toutes échelonnées sur cette longue ligne de hauteurs qui court de Neewiller à Wœrth, excellente position de combat, mais qui avait le grand défaut d'être trop étendue pour les faibles forces dont disposait le maréchal Mac-Mahon.

La journée du 5 se passe au repos. La division Ducrot campe sur deux lignes, entre Frœschwiller et Neweiller; un bataillon du 45ᵉ, le premier (commandant Lécluze), est détaché à Jagœrthal, à l'extrême gauche de notre ligne de bataille.

Au petit jour, entre quatre et cinq heures du matin, le combat commence graduellement et semble plutôt une série d'escarmouches entre reconnaissances que le prélude d'une grande action. Vers huit heures, une violente canonnade qui part de la droite prussienne s'ouvre contre notre aile gauche (division Ducrot), et l'ennemi essaie de tourner notre extrême gauche.

Le général Ducrot fait rapidement prendre les dispositions suivantes : le 1ᵉʳ bataillon du 1ᵉʳ zouaves est placé vis-à-vis de la lisière sud de la forêt de Lagensoultzbach; le 3ᵉ bataillon, vis-à-vis de la lisière occidentale; le 2ᵉ bataillon reste en réserve. A gauche, la ligne occupée par les zouaves est prolongée par deux compagnies du 45ᵉ et trois compagnies du 96ᵉ. Les 7ᵉ et 8ᵉ batteries du 9ᵉ d'artillerie prennent position en arrière des lignes de tirailleurs, au sommet du vallon découvert qui descend de Frœschwiller.

L'ennemi essaie d'avancer, mais à chaque tentative, il est tenu en respect par nos tirailleurs; peu à peu, la ligne d'infanterie allemande, que soutient une puissante artillerie, s'épaissit et s'étend jusqu'à Neewiller, vis-à-vis du 45ᵉ. Mais les deux bataillons du régiment qui se trouvent en cet endroit les empêchent de gagner du terrain et imposent à l'ennemi, qui demeure stationnaire. De ce côté, à onze heures, le feu s'éteignait et le combat se terminait, comme on le voit, à notre avantage.

Malheureusement, il n'en était pas ainsi sur tout notre front de combat. A droite et au centre, la bataille s'engageait terrible, ardente, désespérée. Les divisions Lartigue à Wœrth et Gunstett, Conseil-Dumesnil et Raoult à Frœschwiller, les débris de la division Abel Douay à Elsasshausen étaient débordées, noyées sous les flots toujours grossissants des masses allemandes, en même temps qu'écrasées par une artillerie formidable, à laquelle nos canons ne résistaient que faiblement.

A trois heures de l'après-midi, l'issue de la lutte n'était plus douteuse, et, de notre côté, l'on ne devait plus songer qu'à opérer au plus tôt une retraite qui ne dégénérât pas en déroute. Pour cela, il fallait bravement la soutenir, et c'est aux régiments de la division Ducrot, en réalité peu entamés, qu'allait revenir cette tâche difficile et dangereuse.

Par ordre du général Postis du Houlbec, commandant la 1re brigade, les 1er et 2e bataillons du 1er zouaves garnissent la lisière est du bois de Grosserwald, au sud de la route de Reichshofen à Saverne, par laquelle s'écoulent les troupes décimées des 2e, 3e et 4e divisions; le 3e bataillon du même régiment se forme en bataille à droite des deux autres, soutenus en arrière par les 2e et 3e bataillons (commandants Caillot et Laferrière) du 45e.

Le colonel Carteret- Trécourt, du 1er zouaves, son lieutenant-colonel Gautrelet, ainsi que le colonel Bertrand, du 45e, et le lieutenant-colonel Germain, du même régiment, se placent, pour mieux observer les mouvements de l'ennemi et donner du courage à leurs troupes, à dix mètres en avant de la première ligne.

Les Allemands s'avancent lentement, par compagnies en échelons de tirailleurs : il faut à tout prix les maintenir pour faciliter la retraite, qui commence à se prononcer. Le colonel Carteret lève son sabre et crie : « Clairons, la charge! »

Aux sons stridents des clairons, zouaves et soldats du 45e, précédés d'une ligne de tirailleurs, s'élancent en colonne serrée au pas de charge et se portent vivement

Fig. 10. — L'état-major devant Frœschwiller.

au-devant de l'ennemi. Arrivés à hauteur de Frœschwiller
en flammes, ils sont assaillis par une canonnade et une
fusillade tellement intenses, tellement meurtrières, qu'ils
sont obligés de s'arrêter. Les Bavarois, qui débouchent du
village en longues chaînes de tirailleurs, aperçoivent le
groupe équestre formé par les officiers supérieurs du
1ᵉʳ zouaves et du 45ᵉ et concentrent sur lui leurs feux;
bientôt, l'un des officiers, le lieutenant-colonel du 1ᵉʳ
zouaves, tombe mortellement frappé.

Les deux bataillons du 45ᵉ cherchent alors à se déployer
à droite et à gauche des zouaves. Le colonel Bertrand les
entraîne de la voix et de l'exemple, suivi du lieutenant-colonel Germain, du chef de bataillon Laferrière, du capitaine Gignoux, des lieutenants Beaumont et Leroy, des
sergents Brun, Colombier, Siméonie et des caporaux Gi-
neys et Créqui. Sous la grêle de projectiles qui les décime,
il est impossible aux soldats du 45ᵉ ainsi qu'aux zouaves
de rester plus longtemps dans la position occupée. Ils reculent, mais en se repliant, ces braves gens conservent
leur solidité et, par un entrain qui caractérise bien le courage français, ils transforment leur défensive en de continuels retours offensifs. Unie et ramassée, ce qui rend
ces attaques plus faciles et plus efficaces, cette petite colonne atteint en bloc, et sans s'être laissée entamer, la li-

mite du champ de bataille, tracée par l'angle que forme la route de Neewiller joignant celle de Reichshofen.

Là, arrivés au terme de leur devoir, le 45ᵉ et le 1ᵉʳ zouaves se séparent, en laissant sur ce point une arrière-garde chargée de contenir l'ennemi jusqu'à la dernière extrémité, puis ils se replient les uns par des chemins forestiers, les autres par la grand'route, pour se rejoindre soit à Niederbronn, soit à Saverne.

Le 1ᵉʳ bataillon du 45ᵉ, placé, au début de la bataille, à l'extrême gauche de nos positions, se retire également, en bon ordre, sous la conduite de son chef, le commandant Lécluze, facilitant même, par sa ferme attitude, la rentrée dans nos lignes à 5 ou 600 hommes de divers corps, échappés à l'ennemi. Ce bataillon rejoint les deux autres dans la soirée.

Comme on a pu en juger par ce récit, le vaillant 45ᵉ avait fait, dans cette malheureuse journée, tout son devoir et n'avait pas failli à la belle réputation de bravoure et de solidité qu'il s'était acquise dans les montagnes de la Kabylie et les plaines lombardes.

Ses pertes, d'ailleurs, avaient été sensibles, surtout dans la dernière phase de la bataille. Quatre officiers étaient tués : le capitaine Oddoul, le lieutenant Cugnou d'Alincourt, les sous-lieutenants Bocquet et Drogat; dix étaient blessés : le commandant Caillot, les capitaines Algay, Goëcke, Frayermouth, le lieutenant Clerc, les sous-lieutenants Glaudon, Jeanniot, Michaud, Cautheret et Reignier. Dans la troupe, 410 hommes étaient tués ou blessés.

Le soir, le régiment se retrouvait à Saverne et se reconstituait pour se mettre en marche, le lendemain, pour le camp de Châlons.

LES CUIRASSIERS DE LA BRIGADE MICHEL A MORSBRONN.

BATAILLE DE REICHSHOFEN

(6 AOUT 1870)

Ce que nous allons raconter dans les lignes qui vont suivre est assurément un des traits les plus beaux, les plus saisissants de courage et d'abnégation qu'on puisse trouver dans les fastes militaires d'une nation.

La charge de la brigade Michel à Morsbronn est et restera, dans l'histoire guerrière de notre pays, comme un de ces actes de dévouement et de chevaleresque bravoure qui ont su, tout à la fois, commander le respect de l'ennemi et soulever une unanime admiration.

Régiments martyrs! Tel est le titre que la reconnaissance publique a donné à certains corps de troupes, titre impérissable et sacré, que peuvent hautement revendiquer les 8ᵉ et 9ᵉ cuirassiers, ainsi que le 6ᵉ lanciers ; car, de même que leurs immortels aînés de la Moskowa, de Sommo-Sierra et de Waterloo, ils ont poussé l'esprit de sacrifice jusqu'aux dernières limites humaines. Aussi, ces magnifiques régiments, toujours superbes de tenue et d'allure, ne paraissent-ils plus désormais à nos grandes fêtes militaires sans être acclamés par les vivats enthousiastes d'une foule qui ne saurait oublier les sanglants holocaustes de *Morsbronn* et de *Reichshofen!*

Une heure vient de sonner à la vieille église de Frœschwiller et, depuis le lever du soleil, nos troupes n'ont cessé de combattre, même avec succès, contre les masses ennemies qui, de quart d'heure en quart d'heure, grossissent dans de redoutables proportions. La division Lartigue (4ᵉ du 1ᵉʳ corps), qui tient l'extrême droite de notre ligne de bataille, a, plus que toutes les autres, à lutter contre des forces qui cherchent à la déborder, en même temps qu'elles attaquent avec vigueur le village d'Elsasshausen, centre de notre position.

A la vue de l'attaque dirigée sur son flanc gauche pour le séparer de la division Raoult chargée de la défense d'Elsasshausen, et sur son extrême droite pour le déborder, vers Morsbronn, qu'il n'a pu d'ailleurs que faiblement occuper, le général Lartigue ne se fait aucune illusion sur la gravité de la situation, car il comprend que si les Prussiens dépassent Morsbronn et Elsasshausen, c'en est fait de ses troupes, qui seront enveloppées, et de celles de la division Raoult, qui seront tournées. Notre ligne de bataille sera donc, à droite comme au centre, irrémédiablement disloquée et rompue.

C'est là, du reste, le principal objectif des généraux allemands, qui pressent de toutes parts l'arrivée de nouvelles troupes, pour hâter, en quelque sorte, sous leurs innombrables bataillons, la complète submersion de la petite armée française.

Voilà où en étaient les événements de la journée à une heure de l'après-midi. Vainqueurs jusqu'à midi, n'ayant pas cédé une parcelle de terrain, les 35,000 Français du maréchal de Mac-Mahon se voyaient, à une heure, débordés, pressés et surtout écrasés de toutes parts sous les feux multiples et convergents d'une formidable artillerie. C'est à ce moment précis que la brigade Michel qui, jusque-là, avait été tenue en arrière de notre extrême droite et dissimulée à la vue de l'ennemi par une ligne de crêtes occupée par nos tirailleurs, fut appelée à jouer le rôle terrible et désespéré qui immortalisa ses régiments.

Depuis quelques instants, la fusillade allemande se rapprochait sensiblement de nos lignes, et l'attaque se dessinait, à notre droite et à notre centre, de plus en plus intense. Les colonnes prussiennes du 11° corps et la division wurtembergeoise s'avançaient, soutenues par une batterie de 60 bouches à feu. Nos régiments d'infanterie des divisions Raoult et Lartigue se trouvaient donc sérieusement compromis par ce double mouvement, et toute notre ligne de tirailleurs commençait à fléchir et à reculer, pressée, refoulée qu'elle était par cette énergique et puissante offensive.

C'est alors que le général Lartigue, qui a épuisé jusqu'à son dernier homme, songe à une suprême ressource, — aux cuirassiers de la brigade Michel qui, depuis le commencement de l'action, sont en réserve derrière ses troupes. A cet effet, il envoie un de ses officiers d'ordonnance demander au général Duhesme, qui commande la cavalerie du 1ᵉʳ corps, l'autorisation de faire charger cette brigade sur le flanc de l'assaillant, afin de dégager l'aile droite de l'armée, très dangereusement menacée.

A cette requête, le général Duhesme réplique que c'est une folie et qu'on va faire tuer ces braves gens pour rien ; on lui répond à cela qu'il n'y a pas d'autre moyen de sauver les débris de la 4° division, et, comme il a reçu l'ordre formel du commandant en chef d'obtempérer à ces sortes de demandes, il se prépare, avec un sentiment de profonde tristesse, à faire exécuter le mouvement dont il prévoit d'avance les déplorables conséquences.

En effet, le terrain sur lequel devaient charger nos escadrons était particulièrement défavorable. Le sol descendait en pentes assez accentuées vers la Sauer et le village de Morsbronn, situé au sud-est; il était, en outre, parsemé de pommiers et de houblonnières, qui en faisaient une sorte d'immense verger, où les tirailleurs ennemis étaient partout éparpillés comme une immense nuée de corbeaux, les uns couchés, les autres cachés derrière les arbres, le plus grand nombre à genoux dans les fossés et les chemins creux, soutenus par une artillerie qui, dominant les pentes de la Sauer et le village de Morsbronn, les couvrait sans désemparer d'une grêle de projectiles.

Lorsque survint la demande du général Lartigue, les 8e et 9e cuirassiers étaient pied à terre dans un ravin sis au sud du Niederwald, en réserve, comme nous l'avons déjà expliqué, derrière notre droite. Les hommes, assez mal abrités, exposés au feu plongeant des batteries allemandes, dont les projectiles tombaient tantôt en avant, tantôt en arrière de leurs rangs, frappant de temps à autre quelques-uns d'entre eux, ne demandaient qu'à quitter cette situation également dangereuse pour celle plus mouvementée et plus brillante du combat et de

la mêlée. Aussi, ce fut avec un sentiment de réelle satisfaction qu'on vit tout à coup arriver l'aide de camp qui
apportait l'ordre de marcher en avant, et ce fut par de
joyeux hourras et un incomparable brouhaha que fut
accueillie, quelques minutes plus tard, la retentisssante
sonnerie du *Garde à vous !*

Sur l'ordre du général Duhesme, la brigade se met en
mouvement au pas et se porte en avant, rangée dans
l'ordre suivant : le 8ᵉ cuirassiers en première ligne, formé
en colonnes par escadrons ; le 9ᵉ en deuxième ligne, déployé en bataille, débordant le 8ᵉ vers la droite. Deux
escadrons du 6ᵉ lanciers, qui formaient la cavalerie divisionnaire du général Lartigue, suivent le mouvement de
la brigade Michel, en se portant en colonnes à la droite
du 9ᵉ cuirassiers.

En réalité, cette superbe masse de cavalerie impose l'admiration, et c'est avec un sentiment de légitime fierté et
de noble ardeur que passe, au galop de son cheval, devant le front de bataille, son vaillant chef, le général Michel. « Camarades, s'écrie-t-il, on a besoin de nous. Nous
allons charger l'ennemi. C'est le moment de montrer qui
nous sommes et ce que nous savons faire ! »

A ces mots, de toutes ces vaillantes poitrines bardées
d'acier, étincelantes aux mille rayons du soleil d'août,

Fig. 11. — Charge des 8e et 9e cuirassiers en avant de Morsbronn.

s'échappe un seul cri : *Vive la France!* et au commandement, les longues lattes sortent frémissantes des fourreaux. Le général Michel, se tournant alors vers le commandant du 8ᵉ régiment, lui crie : « Chargez, colonel ! » Puis, brandissant son épée, il prend la tête, et derrière lui les lourds régiments s'ébranlent avec la plus impétueuse énergie.

Sous un feu épouvantable, qui les fait énormément soufrir, ils traversent les lignes de tirailleurs', bondissant à travers les fossés, les rangées d'arbres et les chemins encaissés.

Le 8ᵉ cuirassiers, en avant duquel galope son brave colonel Guyot de la Rochère, tient la tête. Arrivé à portée de la ferme d'Albrechthauserhof, où s'est embusquée une infanterie ennemie nombreuse, il reçoit, à pleins rangs, une longue et meurtrière décharge, qui le décime horriblement. N'importe, il charge toujours... Le bruit des fourreaux de sabre, les balles qui bossellent les cuirasses, les coups de fusil qui pétillent, le canon qui tonne, les obus qui éclatent, les hurlements de douleur des blessés et des mourants, tout cela produit un bruit infernal, qui ne semble nullement émouvoir nos intrépides cavaliers, continuant, à travers la mort, leur course échevelée.

Désuni par les meurtrières décharges des tirailleurs allemands, le 8ᵉ cuirassiers s'écoule par les ailes et les intervalles de leurs bataillons. Deux escadrons, conduits par le colonel, tournent Morsbronn ; les deux suivants sautent sur la route placée en contre-bas et s'engagent à corps perdu dans les rues du village où, des maisons occupées par l'ennemi, part un feu d'enfer, qui les broie au passage.

L'escadron de tête aborde une longue et étroite rue, bordée de vieilles maisons, dont les toits en saillie vont presque à se toucher ; il s'engage intrépidement dans ce boyau, renversant, culbutant tout sur son passage ; mais, au tournant, il est soudainement arrêté par une barricade, formée de brouettes et de voitures à fourrages renversées. Il vient se briser contre cet obstacle et, avec lui, toutes les troupes qui suivent. C'est alors une confusion, une mêlée indescriptibles : les cavaliers, ne pouvant retenir leur élan, se poussent, se bousculent, s'entassent, tandis que les Allemands, postés derrière les fenêtres, les fusillent à bout portant et causent dans leurs rangs pressés d'effroyables ravages (1).

(1) Tout le monde, en France, connaît le tableau du peintre Detaille, qui a saisi ce moment douloureux. Popularisée par la gravure, cette toile a suffi, mieux que tous les récits du monde, à immortaliser les braves régiments de la brigade Michel.

Lancé à la suite du 8ᵉ cuirassiers, le 9ᵉ charge sur un espace de 800 mètres, à gauche du village de Gunstett, face à de formidables batteries et à de nombreux essaims de tirailleurs, qui le criblent de leurs feux. Aussi les pertes de ce régiment sont déjà considérables lorsque ses débris pénètrent dans la grande rue de Morsbronn. Comme les escadrons du 8ᵉ, ceux du 9ᵉ viennent, à leur tour, se heurter contre le formidable abatis de lourds chariots alsaciens, engerbés les uns dans les autres, qui barre la route, et reçoivent dans cette folle cohue une mort à laquelle ils ne peuvent se soustraire.

Le lieutenant-colonel Archambaud de Beaune est renversé en cet endroit, mortellement atteint; le colonel Waternau a son cheval tué par un biscaïen et tombe : il va succomber, lorsqu'un brave maréchal des logis de son régiment, M. Mansard, se précipite à son secours, le relève et lui donne sa monture. Autour de cet officier supérieur se rallient les derniers survivants, et c'est aux cris de *Vive le colonel!* que tous essaient, mais inutilement, de s'ouvrir un passage. Seuls, deux officiers et une vingtaine d'hommes parviennent à s'échapper. Ce qui reste de la brigade Michel, enfermé dans Morsbronn, est fait prisonnier de guerre.

Quant aux deux escadrons du 8ᵉ qui ont tourné le village et auxquels se sont joints les cavaliers du 6e lanciers qui chargent à leurs côtés, ils tentent, mais en vain, de pénétrer dans Morsbronn; ils se trouvent avoir à soutenir une vive et brusque attaque du 13e hussards de Poméranie, à hauteur desquels ils étaient arrivés. Après une courte mêlée, ils infligent à leurs adversaires une perte de 1 homme tué, 23 blessés et 35 chevaux mis hors de combat. Ils repassent alors l'Eberbach, rejoints par des isolés, errants de tous côtés, et s'engagent dans la partie de la forêt de Haguenau, connue sous le nom de *Sang-Wald*.

A ce moment, la prise d'Elsasshausen en flammes amenait l'effondrement prévu entre nos 3e et 4e divisions, la bataille était irrémédiablement perdue, et c'était au tour des cuirassiers' de Bonnemain à sauver à Reichshofen la retraite de l'armée.

Quant aux débris de la brigade Michel, qui ne comptaient guère plus que quelques officiers et 170 cavaliers du 8e cuirassiers, 2 officiers et une vingtaine d'hommes du 9e, ils arrivèrent, vers onze heures du soir, à Saverne, où ils passèrent la nuit.

C'est alors seulement qu'il fut possible d'apprécier les pertes de ces vaillants régiments.

Au 8e cuirassiers, 5 officiers avaient été tués : MM. les

capitaines de Najac et Loth, le lieutenant Fabre, les sous-lieutenants Revachy et Havary; 7 étaient blessés, 8 étaient tombés au pouvoir de l'ennemi; soit, 20 officiers hors de combat ou prisonniers, sur 35 présents le matin. 200 sous-officiers et soldats avaient été tués ou blessés, 150 environ étaient au nombre des prisonniers.

Au 9ᵉ cuirassiers, les pertes étaient plus sensibles encore. 3 officiers avaient été tués : MM. Archambaud de Beaune, lieutenant-colonel; le capitaine Noël et le lieutenant Mateille; 6 étaient blessés et 22 prisonniers. Les pertes de la troupe se chiffraient par 206 sous-officiers et cavaliers tués ou blessés; le reste du régiment, sauf 2 officiers et une vingtaine d'hommes, était demeuré dans les mains de l'ennemi, au village de Morsbronn (1).

Quant aux deux escadrons du 6ᵉ lanciers qui avaient suivi le sort de la brigade Michel, sur 14 officiers présents à la charge, 3 avaient été tués : MM. Malraisont, capitaine, le lieutenant Bocheron et le sous-lieutenant Bardy; 11 avaient été blessés. Quant à la troupe, plus des neuf dixièmes de l'effectif furent mis hors de combat. Aussi, on doit hautement associer le 6ᵉ lanciers, pour la bravoure

(1) Le 9ᵉ cuirassiers fut dissous à l'arrivée au camp de Châlons, et ses restes furent versés au 8ᵉ. Il fut reformé, quelques mois plus tard, à Paris, un 9ᵉ cuirassiers, qui fit la campagne à l'armée de la Loire.

dont il fit preuve, à la charge légendaire des 8ᵉ et 9ᵉ cuirassiers.

En réalité, cette charge fut admirable, sublime même, mais il faut avouer qu'elle était absolument contraire aux règles de la tactique. Elle parvint, il est vrai, à sauver notre 56ᵉ de ligne très compromis, mais ne put arrêter un instant la marche offensive de l'ennemi, sur notre aile droite et à notre centre, et, dans de telles conditions, nous trouvons que le sacrifice fut trop grand, l'holocauste trop complet en raison des résultats négatifs qu'on devait en obtenir!

LE 3ᴱ DE LIGNE A FRŒSCHWILLER

(6 AOUT 1870)

Le 23 juillet 1870, le 3ᶜ de ligne, qui comptait un effectif de 66 officiers et 1,800 hommes de troupe, sous le
commandement du colonel Champion, quittait Grenoble
et arrivait, le lendemain, à Colmar pour entrer immédiatement dans la composition du 7ᶜ corps d'armée, placé sous
les ordres du général Félix Douay. Ce régiment appartenait à la 1ʳᵉ brigade de la 1ʳᵉ division (général Conseil-
Dumesnil), dudit corps.

Le 5 août, cette première division, dirigée sur Haguenau, en repart aussitôt pour rejoindre l'armée de Mac-
Mahon. Dès le matin du 6, elle va se placer, en position
d'attente, derrière le petit chemin vicinal qui relie Frœschwiller à Morsbronn.

L'attaque de nos lignes par les colonnes allemandes

de la première armée, assez indécise d'abord, s'accentue progressivement, grâce aux renforts qui viennent la grossir, et vers dix heures, la bataille est en pleine action, notamment au centre, où se tient la 1re division du 7e corps.

Bientôt, le 3e de ligne est engagé. Il se porte en avant sur la gauche du village d'Elsasshausen, défendu par la division Raoult, du 1er corps; là, il attend immobile, l'arme au pied, pendant une grande heure. Vers 10 heures et demie, le régiment est tiré de son inaction et dirigé sur les pentes du village d'Elsasshausen; il y prend position, la moitié des hommes à genoux derrière un fossé qui les abrite, l'autre moitié couchée à plat ventre dans un grand champ. Dans cette attitude, le 3e de ligne reçoit, pendant plus d'une grande heure, une averse de projectiles, qui fait dans ses rangs de nombreuses victimes; une centaine d'hommes sont tués ou blessés, sans que le régiment ait seulement pu distinguer un seul casque à pointe, et qu'il ait eu l'occasion de tirer un coup de fusil. Cette situation devient intolérable; aussi, le colonel Champion, jugeant qu'il est impossible de servir plus longtemps de cible vivante à un ennemi invisible, et qu'il vaut mieux chercher à lui enlever le terrain couvert sous lequel il se dérobe, se place à la tête de ses bataillons et commande : « En avant! »

Tout le régiment s'avance alors, en ligne de bataille déployée, et dès ses premiers pas, sa fière attitude impose tellement aux Allemands, qu'ils prononcent un mouvement de recul très accentué. Le colonel fait alors déposer les sacs, puis réunissant en un groupe compact tous les tambours et clairons, il leur ordonne de battre et de sonner la charge. Électrisés par ces accents guerriers, impatients d'en venir aux mains avec l'insaisissable ennemi, qui leur a causé déjà tant de pertes cruelles, guidés par leurs vaillants officiers, les soldats du 3ᵉ s'élancent, baïonnette en avant, sur la position du Calvaire, qu'ils ont mission d'enlever. Cette attaque a lieu avec un ensemble, une vigueur tels qu'elle fait l'admiration de tous les régiments qui se trouvent à proximité. Sans attendre le choc de nos soldats, et selon son habitude constante, l'ennemi se dérobe et va se rallier sur le bord extérieur ou dans les vignes situées au-dessous du plateau que vient d'enlever le brave 3ᵉ.

Sur l'ordre du colonel, le régiment s'arrête, et commence à bonne distance une vive fusillade avec les lignes de tirailleurs ennemis. Cette fois encore, les Allemands, profitant de leur énorme supériorité en artillerie, couvrent nos bataillons d'une grêle d'obus, au point que la position devient intenable. Le colonel Champion fait alors cesser le feu, et ordonne une seconde marche en avant. Campé sur son cheval blanc, il passe au pas devant le front de son régiment et, arrivé devant le drapeau que porte, au milieu de la mitraille, le jeune sous-lieutenant Varmot, il le salue de l'épée, puis l'étendant vers l'ennemi, il commande d'une voix tonnante : « 3ᵉ de ligne, en avant! »

De nouveau, la charge retentit, continue, accompagnée par les mâles clameurs de nos fantassins, lancés à travers l'ouragan de fer qui fait rage sur eux. Une fois encore, les Prussiens lâchent pied devant cette terrible poussée ; rompus, disloqués, ils vont reformer leurs compagnies désunies au fond de la vallée de la Sauerbach, et toujours solidement soutenus par leur artillerie qui ne cesse de tonner, ils attendent que de nouveaux renforts leur permettent de renouveler l'attaque de nos positions.

Le 3ᵉ de ligne s'arrête, et s'éparpille dans les vignes et tout autour du plateau qu'il vient de brillamment conquérir. Une lutte des plus vives s'engage alors, où l'artillerie ennemie a la plus grande part. Bientôt, sous ses feux redoublés, les rangs se creusent de sanglants sillons, et tout le terrain occupé par nos soldats se couvre de morts et de blessés. Le 2ᵉ zouaves, cet ancien compagnon d'armes du 3ᵉ de ligne au Maroc et en Kabylie, vient également à la rescousse et exécute à son tour une superbe charge à la

Fig. 42. — Assaut de la position du Calvaire (bataille de Reichshofen).

baïonnette. Mais l'ennemi est en nombre supérieur, ses
réserves sont sans cesse renouvelées, ses batteries n'ont

pas modéré leur feu; et malgré leur vaillance, nos régiments qui, en cet endroit, luttent pêle-mêle, pour l'honneur du drapeau et la défense du sol national, sont obligés de reculer et de céder, sous les masses qui les accablent, les positions qu'ils ont occupées.

Le colonel Champion, qui a eu un cheval tué sous lui, tombe à cet instant, percé de trois balles; ses sapeurs le relèvent et l'emportent évanoui, hors de ce champ de carnage. Alors le régiment, débordé, sans appui, ni soutien d'aucune sorte, privé de son chef et d'une grande partie de ses officiers, ayant brûlé ses dernières cartouches, se replie, se dirigeant, à travers bois, sur la pente orientale des Vosges, pour aller rejoindre, à quelques kilomètres de Phalsbourg, la grand' route de Saverne, indiquée comme ligne de retraite à toutes les troupes du 1er corps.

Il est trois heures et demie; les 120,000 Allemands du prince royal ont fini, après dix heures de combat, par avoir raison des 30,000 Français de Mac-Mahon, qui, s'ils ont fait des pertes nombreuses, en ont du moins infligé d'énormes à l'ennemi.

Les pertes du 3e étaient cruelles; elles se décomposaient ainsi : 12 officiers tués, MM. Vasseur, Grossetête, Maillard, capitaines; Ancelin, Andrieux, Gratiot, Pujol, Ordega, lieutenants; Vasseur, de Negroni, Garrel et Peltier, sous-lieutenants. 19 officiers blessés : MM. Champion, colonel; Gillet, lieutenant-colonel; Colonna, Gradoux, Feuillot, Duchapelet, Hummel, Fouque, Baron, capitaines; Millet, Marchal, lieutenants; Dominique, Wardavoir, Régnier, Ply, Maignien, Schreiner, Ceccarié et Auforay, sous-lieutenants. En outre de ces 31 officiers mis hors de combat, 1,100 hommes de troupe manquaient, le soir, à l'appel, tués, blessés ou prisonniers. Ces chiffres montrent suffisamment la large part de bravoure et de dévouement qu'avait prise à cette terrible lutte, le 3ᵉ de ligne.

LE 13ᴱ DE LIGNE

DANS LES BATAILLES AUTOUR DE METZ

(AOUT 1870)

La guerre ayant été officiellement déclarée à la Prusse le 15 juillet 1870, le 13ᵉ de ligne, en garnison à Béthune, fut immédiatement mis sur pied de guerre et, comme tous les régiments stationnés dans le nord de la France, il entra dans la composition du 4ᵉ corps de l'armée du Rhin, commandé par le général de Ladmirault, 2ᵉ division (général Grenier), 1ʳᵉ brigade (général Véron, dit Bellecourt). Cette division comprenait le 5ᵉ bataillon de chasseurs à pied, les 13ᵉ, 43ᵉ, 64ᵉ et 98ᵉ de ligne.

A l'entrée en campagne, le 13ᵉ, commandé par un vigoureux officier, le colonel Lion, qui avait fait ses preuves en Afrique, en Crimée et en Italie, présentait un effectif de 66 officiers et 1,800 hommes de troupe. Dirigé tout d'abord sur Thionville, où s'opérait la concentration du 4e corps, il prit part ensuite à cette interminable promenade militaire qui, du 28 juillet au 5 août, s'opéra de long en large de notre frontière lorraine. Piétinement sur place, si fatal à notre armée qui, inconsciente du danger, attendait toujours le fameux moment *d'être prête*, pendant que les masses allemandes, concentrées, réunies, munies de tous leurs services, admirablement outillées, se préparaient à prendre une vigoureuse offensive.

Le 6 août, la division Grenier, dont le 13e de ligne fait partie, est dirigée sur Boucheporn, et en arrivant dans cette localité, l'attention est bientôt attirée par le bruit d'une intense canonnade, qui présage, à quelques lieues de là, un engagement des plus sérieux. Jusqu'à six heures du soir, les troupes restent dans une anxieuse attente, croyant à tout moment lever le camp pour se porter dans la direction du canon. La nuit arrive, les bruits cessent peu à peu, tout rentre dans le calme.

Le lendemain, à cinq heures du matin, on apprend la défaite de Forbach, et l'ordre de se mettre en retraite est donné à la division Grenier, qui arrive sous Metz le 11 août, et va planter ses tentes à gauche de la division de Cissey (1re du 4e corps), entre le village de Mey, le château et le parc de Grimont. Elle reste dans ses positions jusqu'au 14, où, vers midi, le 4ᵉ corps commence son mouvement en arrière sur Verdun, où doit se réunir toute l'armée.

La 2ᵉ division (Grenier) a reçu l'ordre de se mettre en route vers trois heures de l'après-midi, car c'est elle qui doit former l'arrière-garde du corps d'armée. Mais vers cette heure et pendant que nos soldats attendent, l'arme au pied, l'ordre de faire par « le flanc droit », des cavaliers, rentrant de reconnaissance, signalent un grand mouvement de cavalerie ennemie, suivie de batteries d'artillerie, qui arrivent au galop, soulevant au loin des flots de poussière. A quatre heures, la ligne de bataille des Allemands est formée et son déploiement est annoncé par une salve d'artillerie, dirigée sur le château de Colombey. A cet instant, la division Grenier se trouve encore de chaque côté du village de Mey. Le général Véron, dit Bellecourt, qui commande la 1ʳᵉ brigade (13ᵉ et 43ᵉ) l'arrête, lui fait faire face à l'ennemi et, par son ordre, la batterie de mitrailleuses de la division va se poster sur une petite hauteur, à quelques mètres en avant du chemin de Mey à Villers-l'Orme. Le 5ᵉ bataillon de chasseurs l'accompagne et lui sert de soutien ; les 13ᵉ et 43ᵉ de ligne se portent derrière. Le colonel Lion dispose ainsi son régiment : les 1ᵉʳ et 3ᵉ bataillons sont déployés en première ligne, le 2ᵉ reste en réserve derrière le bois de Mey. Les compagnies Dubreuil et Portier sont portées en avant pour couvrir le front de la ligne, et le 43ᵉ est établi à la gauche du 13ᵉ.

Bientôt, l'ennemi s'avance en nombre, se dirigeant droit sur le bois et le plateau de Mey, clef de la position pendant cette journée de Borny; mais un feu rapide, bien dirigé, qu'ouvrent contre lui les bataillons du 13ᵉ de ligne et le 5ᵉ chasseurs à pied, l'arrête un instant et couvre le terrain de morts et de blessés allemands. Toutefois, des renforts lui arrivant, il reprend sa marche et force nos chasseurs à se replier.

Le 1ᵉʳ bataillon du 13ᵉ, qui se trouve un peu en arrière, s'élance en avant, conduit par son digne chef, le commandant Commerçon, et soutenu à sa droite par le 2ᵉ bataillon du 64ᵉ; ces troupes pénètrent dans les vignes qui s'étendent en avant du bois de Mey et, pendant plus d'une demi-heure, elles maintiennent l'ennemi à bonne distance. Celui-ci, dont les renforts se succèdent de plus en plus nombreux, presse tellement nos faibles bataillons, qu'il finit par les rejeter sur le plateau, les suivant en force afin de les empêcher de se reformer.

Le combat devient alors très meurtrier sur la lisière du bois, que défendent avec acharnement nos soldats; mais écrasés, débordés par le nombre, ils doivent se replier

Fig. 13. — Défense du bois de Mey (bataille de Borny, 14 août 1870).

une fois encore en arrière et abandonner le bois à
l'ennemi.

Le colonel Lion, qui se trouvait à ce moment à la hauteur de son 3ᵉ bataillon, s'aperçoit du mouvement de retraite des deux premiers. Pour rétablir l'ordre sur ce
point, il fait replier tout le régiment à 50 mètres plus
loin, à l'abri d'une haie large et touffue, qui constitue
une excellente position défensive et, là, il prend, aidé de
ses chefs de bataillon, de nouvelles dispositions de com
bat. D'ailleurs, la nuit approche et il faut, pour que, de
notre côté, l'honneur des armes soit sauf, que le bois
de Mey, enlevé au 13ᵉ, soit occupé de nouveau par le
régiment. Le colonel a vite pris son parti : il se porte
avec le drapeau, la garde de celui-ci et les sapeurs, au
centre, contre la haie où se reforment les compagnies
disloquées, il appelle à lui tous les groupes épars de soldats égarés qui cherchent un chef pour les ramener au
combat, puis, n'ayant pas le temps de faire prendre à
chacun sa place de bataille, il fait entrer en ligne les
hommes sans distinction de compagnie, et donne l'ordre
d'ouvrir sur le bois de Mey, noir et grouillant de Prussiens, un feu roulant à volonté. L'effet produit est énorme. Les Allemands, entassés en masse compacte et ne
pouvant se déployer, sont écrasés; ils cherchent en vain

à résister un instant, mais leurs rangs se confondent, tourbillonnent sur eux-mêmes, et ils sont obligés d'abandonner précipitamment une position où la mort fait sans interruption de cruels ravages.

En ce moment un éclat d'obus frappe et mutile l'aigle du régiment, que porte le sous-lieutenant Lentonnet, noble blessure qui symbolise à merveille la belle conduite du 13e dans cette chaude action.

Le 20e bataillon de chasseurs, qui débouche de son côté du village de Mey, prend l'ennemi en flanc, pendant que le 13e et le 64e se reportent avec entrain sous les couverts du bois, qui est en quelques minutes reconquis définitivement.

Sur toute la ligne française, d'ailleurs, le succès est complet, et les diverses tentatives de l'ennemi sur notre front de combat sont demeurées vaines. A dix heures du soir, celui-ci, après des pertes nombreuses, se replie vers Servigny, Noisseville et Sainte-Barbe. Nos troupes restent donc maîtresses du champ de bataille et bivouaquent sur leurs positions.

Dans cette affaire, dont le résultat ne fut malheureusement qu'illusoire, mais qui fit grand honneur à nos armes, le 13e de ligne, pour sa première rencontre avec l'ennemi, paya noblement sa dette de sang : 14 officiers et 260 hommes de troupe furent tués ou blessés.

Parmi les officiers tués, on comptait MM. Maingot, Arnold et Renauld, capitaines; le lieutenant Desgranges, les sous-lieutenants Arnould, Morin et Schaëck. Au nombre des blessés, figuraient le chef de bataillon Toupet, le capitaine Cotillon, le lieutenant Lignel, les sous-lieutenants Pollet, Renne et Pépin.

A la nuit, le 13ᵉ va camper sur les glacis du fort Saint-Julien et reçoit l'ordre de se tenir prêt à reprendre, avant le jour, son mouvement vers la Moselle.

D'après les ordres donnés le 13 au soir, toute l'armée française devait coucher, le 15 août, sur les plateaux de la rive gauche de la Moselle, mais le retard causé par la bataille de Borny, livrée à bon escient par les généraux allemands, n'avait pas permis au 4ᵉ corps, si fortement engagé dans cette action, de se conformer au programme d'ensemble, donné par le grand état-major.

Ce corps d'armée n'avait pu traverser la Moselle que dans la matinée du 15 et n'était arrivé qu'assez tard dans la journée à son campement, établi dans les prairies qui s'étendent entre Saint-Eloi et Woippy. Le 16, il devait donc se mettre en marche de bonne heure pour regagner le temps perdu; mais la route de Verdun, sur laquelle il avait à s'engager, était dans un tel état d'encombrement, que le général Ladmirault prend le sage parti de diriger ses troupes sur la route de Briey. La 2ᵉ division (Grenier), dont fait partie le 13ᵉ de ligne, qui tient la tête du 4ᵉ corps, tourne à gauche, au débouché du bois de Saulny, et s'engage dans les chemins vicinaux conduisant à Amanvillers, Verneville et Doncourt. Il y avait à peine une heure qu'on était en marche, qu'on entend au loin des détonations d'artillerie, dont la fréquence et l'intensité augmentent de plus en plus. C'est une sérieuse action qui s'engage. Ladmirault n'hésite pas à porter son monde dans la direction du canon.

Dès les premiers bruits de la bataille distinctement perçus, les soldats déposent les sacs, font un café sommaire et, à midi, le général Grenier reçoit l'ordre du général Ladmirault de se porter en avant en toute hâte. La division prend alors les armes et se dirige, à travers champs, sur le village de Bruville, se formant en bataille en avant de ce bourg. La 1ʳᵉ brigade (5ᵉ bataillon de chasseurs, 13ᵉ et 43ᵉ), à gauche; la 2ᵉ brigade (64ᵉ et 98ᵉ), à droite.

Devant le 13ᵉ de ligne, se trouvent, à 6 ou 700 mètres en avant, les deux bois de Tronville, occupés par des troupes prussiennes, qui commencent leurs feux sur les régiments de la division Grenier, au fur et à mesure que ceux-ci se déploient. Le 13ᵉ reçoit alors l'ordre d'enlever le bois qui se trouve devant lui, et d'où part un feu meurtrier. Son colonel Lion en tête, le 3ᵉ bataillon descend rapidement la colline, où il se trouvait établi, et clairons sonnant, tambours battant la charge, précédé de ses 5ᵉ et 6ᵉ compagnies déployées en tirailleurs, le bataillon s'élance dans le bois et s'en empare, sans éprouver une bien grande résistance, car les Allemands ne supportent pas le choc et battent en retraite, laissant quelques fuyards entre nos mains. Le 1ᵉʳ bataillon, sous les ordres du commandant Commerçon, la droite couverte par la 2ᵉ compagnie du 5ᵉ bataillon de chasseurs déployée en tirailleurs, ne tarde pas à venir rejoindre le 3ᵉ bataillon et occupe la portion droite du bois. Ces troupes établies, les commandants de compagnie déploient immédiatement en tirailleurs une section composée de leurs meilleurs tireurs sur la lisière du bois, afin que ceux-ci ripostent vigoureusement aux ennemis placés dans le second bois de Tronville. A ce moment, on aperçoit de nombreuses troupes allemandes, arrivant par la route de Verdun et se dirigeant sur Rezonville; mais à leur passage entre les bois de Tronville, ils sont salués par des feux bien dirigés, qui paraissent causer des pertes sensibles dans leurs rangs. A la même heure, le 2ᵉ bataillon du 13ᵉ, sous les ordres du capitaine Geoffroy, rempla-

çant le commandant Toupet, blessé l'avant-veille, combattait énergiquement en avant de Bruville contre de
nouvelles forces ennemies, qui venaient d'entrer en ligne,
et remportaient sur elles des avantages relativement
importants.

Cependant, à cet instant de la journée (deux heures),
l'ennemi reçoit, de ce côté du champ de bataille, de si
nombreux renforts, que la situation de la vaillante brigade Bellecourt devient assez critique pour nécessiter un
mouvement en arrière. Les 1er et 3e bataillons du 13e, le
43e et le 5e bataillon de chasseurs, en exécution de cet
ordre, vont donc se reformer derrière des troncs et des
bouquets d'arbres, situés en deçà du plateau de Tronville
et, d'un autre côté, vers quatre heures et demie, le 2e bataillon du 13e, attaqué dans le grand bois de Tronville,
où il avait pris pied, par une forte colonne ennemie, est
obligé également de l'évacuer après une résistance acharnée ; il vient alors rejoindre le reste du régiment.

En réalité, la brigade Bellecourt, soutenant seule,
pour ainsi dire, depuis trois heures, tout l'effort de l'aile
gauche ennemie, est à bout de forces, et il est temps que
la division de Cissey (1re du 4e corps), qui arrive sur le
terrain de l'action, vienne lui prêter son appui. Celle-ci
se joint au 13e de ligne et, pendant une dizaine de mi-

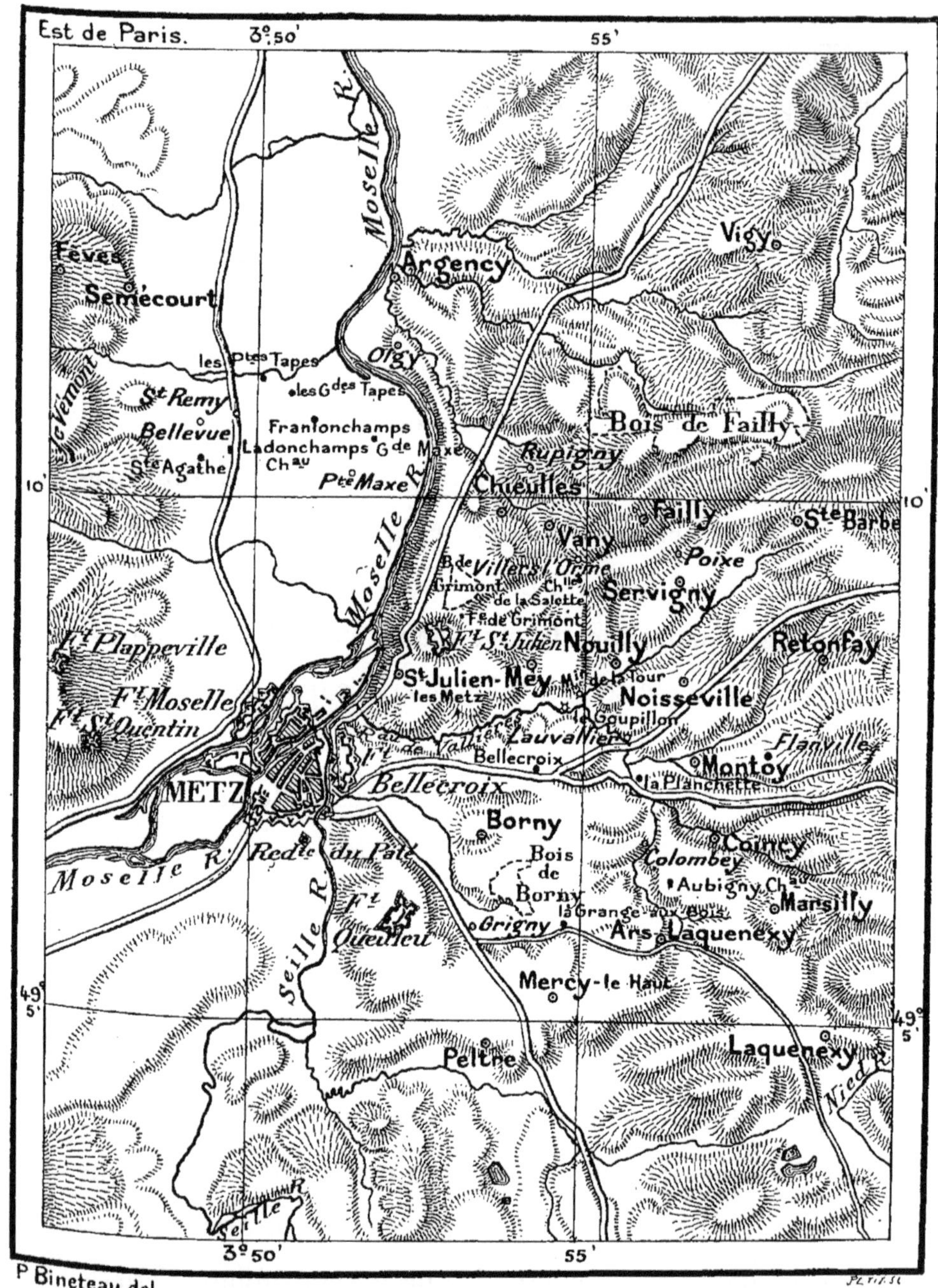

Fig. 14. — Carte pour la bataille de Borny et la défense de Mey. Échelle $\frac{1}{140000}$

nutes, un feu rapide s'engage entre les deux partis qui, sur certains points, ne sont guère distants les uns des autres que d'une cinquantaine de mètres. De véritables trombes de plomb passent sur nos fantassins, car, de ce côté, l'artillerie ennemie fait rage; mais ceux-ci, sans s'émouvoir, tantôt couchés, tantôt debout, regagnent peu à peu du terrain.

Il est environ cinq heures du soir et, à ce moment, débouche du bois de Mars-la-Tour une brigade de cavalerie ennemie : ce sont les dragons royaux de la brigade de Brandebourg. Le 1ᵉʳ régiment de cette brigade prend les devants et se porte contre la brigade Bellecourt.

Le premier choc des escadrons ennemis est reçu par la 3ᵉ compagnie du 5ᵉ bataillon de chasseurs, les 4ᵉ et 5ᵉ compagnies du 2ᵉ bataillon du 13ᵉ de ligne (capitaines Paquet et Paturel). Cette infanterie marchait, la baïonnette en avant, lorsqu'elle est brusquement assaillie par les dragons royaux; elle a à peine le temps de se grouper et chasseurs du 5ᵉ, fantassins du 13ᵉ, se rassemblant pêle-mêle pour résister au choc, se forment en petits pelotons et ouvrent aussitôt le feu sur les cavaliers allemands qui, dressés sur leurs larges étriers, arrivent, le sabre haut. Ceux-ci essuient ce premier feu et, emportés par leur ardeur, ils s'écoulent par

les intervalles des pelotons et vont se heurter contre les
régiments des divisions Grenier et de Cissey massés en
arrière. Le choc est rude : chaque soldat français, bien
campé, tue son homme à bout portant. Un officier supérieur des dragons de Brandebourg charge le sergent-
major Cadet, du 13e de ligne, et lui envoie un formidable coup de sabre; le jeune sous-officier détourne l'arme
avec le canon de son chassepot et tue net l'audacieux
assaillant.

Le colonel von Auerswald, qui dirige cette charge, est
mortellement blessé. Un lieutenant d'état-major, un
capitaine et six officiers tombent morts autour de lui;
l'élan des dragons est complètement rompu. Les escadrons de queue ne peuvent même arriver jusqu'à nos
baïonnettes et tournent bride, décimés par la fusillade
qui les poursuit.

De ce côté, la lutte devient purement défensive du
côté de l'ennemi, qui ne tente plus aucun effort pour
repousser nos soldats. On peut donc constater que dans
cette sanglante journée, le 13e de ligne a bien mérité de
l'armée. Ses pertes furent relativement minimes, eu
égard au rôle actif qu'il avait joué. Il comptait un officier
tué, le sous-lieutenant Porteret, et cinq officiers légèrement blessés : MM. Paturel et Olive, capitaines, Potor,

médecin-major, Gillet et Feuillet, lieutenants : 91 sous-officiers ou soldats étaient tués ou blessés.

Le lendemain 17 août, et conformément aux ordres du maréchal Bazaine, l'armée française, dès la pointe du jour, se met en marche pour se replier sur Metz, abandonnant successivement toutes ses positions de la veille et rendant à l'armée allemande le signalé service de se croire victorieuse, après son incomplet succès de la veille. En effet, quel avait été, dans cette journée de Rezonville, l'objectif du grand état-major prussien? Nous fermer la route de Verdun. Or, le 17 au matin, la route de Verdun était toujours libre, et nul doute qu'un chef d'armée, digne de ce nom, n'eût hésité à marcher de l'avant. Aussi, quand nos troupes comprirent que, malgré les valeureux efforts de la veille, malgré les succès réellement obtenus, il fallait encore céder le pas à l'ennemi, ce fut dans les rangs un douloureux désappointement et chez beaucoup même une bruyante colère, qui ne ménagea ni les termes, ni les expressions envers le grand commandement.

Le 17, la 2ᵉ division du 4ᵉ corps est campée entre Aman-villers et Montigny et passe la journée dans cette position. Le 18, vers onze heures du matin, le 13ᵉ se formait pour l'appel devant les faisceaux, les commandants se préparaient à passer leur revue, quand le capitaine

Bourguignon, qui était de grand'garde avec sa compagnie (2e du 1er), fait prévenir son chef Commerçon, que des masses considérables d'ennemis sont aperçues au loin. Celui-ci se porte aussitôt aux avant-postes, et reconnaît, en effet, tantôt se défilant derrière les bois, tantôt se dissimulant derrière de légers mouvements de terrain, un corps d'armée, dont il ne peut qu'imparfaitement apprécier la force. Ordre est donné ausssitôt aux hommes de la grand'garde d'ouvrir le feu à 1,800 mètres, non pas que le tir à cette distance doive être bien efficace, mais il servira du moins à donner l'éveil aux autres régiments du corps d'armée.

La division Grenier rompt alors les faisceaux et se forme rapidement en bataille sur son front de bandière, en avant de la ferme de Montigny-la-Grange; à peine est-elle disposée que les obus ennemis tombent en abondance, au milieu des tentes encore dressées et sur le village d'Amanvillers, situé en arrière de nos lignes.

Le colonel Lion envoie le 1er bataillon se déployer sur un plateau découvert, qui se trouve en avant du front du régiment, afin de protéger une batterie d'artillerie (chef d'escadron Maucourant) qui vient de s'y établir. Le 3e bataillon se porte également en avant et se déploie sur la même ligne que le 1er; quant au 2e, avec le colonel et le drapeau, il attend, ainsi que le 43ᵉ de ligne, l'arme au pied, le moment de marcher.

Il est midi et demi. Les colonnes d'infanterie de la 25ᵉ division (hessoise), qui arrivent de Verneville, commencent à se montrer; assaillies par le feu de nos batteries et par la fusillade des tirailleurs, elles perdent beaucoup de monde et, après une faible riposte, se réfugient sous les couverts du bois de la Cusse.

L'artillerie allemande, qui a essayé de soutenir le mouvement en avant de cette division, est également criblée de projectiles, que font pleuvoir sur elle nos fantassins et nos artilleurs; aussi, après un essai infructueux de contre-attaque, est-elle, à son tour, obligée de rentrer sous bois, en abandonnant sur le terrain huit pièces de sa batterie avancée. Trois braves, le sergent-major Bobant et le clairon Murat, du 13ᵉ de ligne, ainsi que le chasseur Hamoniaux, du 5ᵉ bataillon, voyant ces canons abandonnés, se précipitent aux cris de : *Vive la France!* Les quelques servants, encore debout, s'enfuient à toutes jambes vers le bois de la Cusse, où ils disparaissent. Seul, un officier reste dans la batterie, le sabre au poing, attendant résolument nos soldats. Le sergent-major Bobant se jette sur lui et le désarme, mais une balle partie du bois l'atteint et le renverse, mortellement frappé. Hamoniaux s'assure du prisonnier, pendant que Murat, à califourchon sur un des canons abandonnés, sonne la charge à pleins poumons.

A cet appel, le 3e bataillon du 13e monte sur la crête, conduit par le commandant Guédon et soutenu par la batterie Erb, qui crible d'obus à balles le bois de la Cusse, où s'abritent de nombreux tirailleurs prussiens. Une section est détachée pour protéger l'enlèvement des pièces, ce qui permet aux attelages de notre artillerie divisionnaire de ramener, au milieu des rangs du 13e, les deux canons qui sont en bon état.

Le clairon Murat et le chasseur Hamoniaux furent nommés, quelques jours après, chevaliers de la Légion d'honneur, pour ce brillant fait d'armes.

Cependant, le nombre des ennemis augmente; le 3e bataillon, exposé à découvert à un feu de mousqueterie des plus vifs, que dirigent sur lui le 85e fusiliers prussiens et un bataillon hessois, ne peut conserver plus longtemps la position en flèche où il se trouve. En outre, il gêne le feu de nos pièces, et doit se replier, demeurant en réserve jusqu'au soir.

A ce même moment, le 2e bataillon se portait en avant et se déployait à propos dans le fossé de la route de Montigny-la-Grange, sorte de tranchée naturelle qui le défilait parfaitement des feux de l'infanterie allemande, et il

Fig. 15. — Destruction d'une batterie prussienne à Saint-Privat.

engageait le feu avec de nombreux ennemis, qui paraissaient à la hauteur de la ferme de Champenois.

La lutte, sur ce point, s'engage avec violence; l'ennemi, qui a reçu des renforts, prononce une attaque vigoureuse. L'artillerie surtout accable la nôtre de ses feux, et les trois batteries de la division Grenier, après une héroïque résistance, sont obligées, à demi démontées, de renoncer à un combat trop inégal.

Laissés seuls, sans appui devant la mitraille ennemie, les 13ᵉ et 43ᵉ de ligne de la brigade Véron-Bellecourt, conservent intrépidement leurs positions. Le 13ᵉ excite surtout l'admiration de tout le corps d'armée par sa fermeté. Depuis sept heures et plus, il combat contre des forces très supérieures avec un courage et une ténacité M. remarquables; à un moment donné, le porte-drapeau, Lenthonnet, reçoit une balle, qui lui traverse les deux jambes; malgré cette blessure, il n'en continue pas moins à porter haut l'emblème sacré du régiment.

A huit heures du soir, les Allemands, dont les renforts arrivent incessants, notamment en artillerie, démasquent, à la ferme de Champenois, une batterie de 32 pièces, qui couvre nos bataillons d'obus et de mitraille. La position n'est plus tenable, car la brigade Bellecourt ne peut opposer à cette formidable canonnade que ses feux de mousqueterie; aussi, le général Grenier lui donne-t-il l'ordre de se replier.

Le colonel Lion fait alors sonner la marche du régiment et, sous une grêle d'obus, il réunit tout ce qu'il peut des 2ᵉ et 3ᵉ bataillons morcelés, et les dirige aux abords du fort Plappeville, où elles passeront la nuit.

Quant au 1ᵉʳ bataillon, il lui est impossible de quitter sa position, car l'ennemi s'y jetterait aussitôt, et ne se met en retraite que vers dix heures du soir. Seules, trois compagnies du 3ᵉ bataillon, qui, au milieu du bruit et de la fumée, ont ignoré le départ du régiment, se maintiennent toujours sur la crête du plateau d'Amanvillers et continuent la lutte jusqu'à complet épuisement de leurs munitions.

Dans cette sanglante journée que la victoire n'a pas couronnée par la faute d'un généralissime aussi imprévoyant que coupable, le 13ᵉ de ligne, qui s'est montré un régiment hors pair, a perdu 17 officiers et 397 hommes de troupe tués ou blessés.

Parmi les officiers, ont été tués : MM. Paturel, capitaine; Dubois, lieutenant; de Brégeas et Crépey, sous-lieutenants.

LA DÉFENSE

DU 3ᴱ GRENADIERS A REZONVILLE

MORT DU COLONEL COUSIN

(16 AOUT 1870)

Le 16 août, vers trois heures de l'après-midi, le prince
Frédéric-Charles, qui venait d'arriver sur le champ de
bataille avec de nombreux renforts, donna des ordres
pour que l'offensive fût reprise sur toute la ligne de bataille, notamment vers la gauche française, où un puis-
sant mouvement tournant devait être tenté, à travers les
bois de Saint-Arnual, des Oignons, de la Jurée et le
ravin de Gorze. Il semblait même qu'en prononçant sur
notre extrême gauche cette vigoureuse attaque qui tendait
à nous isoler de Metz, le prince Frédéric-Charles devinait
les secrets desseins de Bazaine, dont la seule préoccupa-

tion dans cette grande bataille, était surtout de rester —
l'événement l'a prouvé depuis — en communication ins-
tante avec la grande citadelle lorraine.

C'est en voyant donc se dessiner sur sa gauche cette sérieuse attaque qu'il concentra vers Rezonville toutes ses
réserves, qui eussent été d'une bien autre utilité à notre
droite, où Ladmirault venait de remporter des avantages
signalés, et à notre centre, où Canrobert ne demandait
qu'à marcher de l'avant.

La division Picard (zouaves et grenadiers de la garde)
fut alors placée, par les ordres du maréchal, en face du
ravin de la Jurée et le bois des Oignons, au centre et sur
la gauche du plateau de Rezonville, pour contenir, avec
la bravoure et la solidité qui caractérisaient ses excellentes
troupes, le mouvement offensif des masses prussiennes,
ordonné par le généralissime allemand.

Le 3e grenadiers, sous les ordres du colonel Cousin, se
porte donc, en vertu des instructions du maréchal, à l'extrémité sud du plateau, et ouvre le feu sous une grêle de
balles et de mitraille qui, pendant deux heures, ne cesse
de faire rage contre lui et le décime cruellement.

Le colonel Cousin, secondé vaillamment par les chefs
de bataillon Herbillon et Lavollée, dirige la résistance
avec le plus grand sang-froid. A ses côtés, le drapeau

du 3ᵉ grenadiers fait flotter fièrement ses plis, que déchire la mitraille ennemie.

En arrière du drapeau et de sa garde, se tiennent, impassibles, les douze sapeurs du régiment, réserve de l'étendard, car on peut affirmer que ces douze braves, vieux chevronnés d'Algérie, de Crimée, d'Italie et du Mexique en valent cent, et que tous se feraient tuer avant qu'une main ennemie ne souille le précieux dépôt confié à leur garde.

Au milieu de l'ouragan de fer qui s'abat sur le régiment, le chef de bataillon Lavollée tombe, le premier, grièvement blessé; quelques instants après, le sous-lieutenant porte-aigle Marcel est également atteint et donne, en tombant, le drapeau au capitaine Geoffroy, de la 3ᵉ compagnie du 1ᵉʳ bataillon. A peine cet officier a-t-il saisi l'emblème sacré qu'il reçoit à son tour, et pour ainsi dire coup sur coup, trois blessures qui le renversent. Le lieutenant Coussirat se précipite alors, ramasse une troisième fois le drapeau et tombe en le relevant, frappé d'une balle en plein front.

Le colonel Cousin s'empare à son tour de l'aigle, car devant ces morts successives et si rapides, un moment d'hésitation a couru dans les rangs et un flottement se produit dans la ligne de bataille; il se porte à cheval au milieu du régiment, agitant fièrement le drapeau et criant à pleine voix : « En avant, mes enfants! toujours en avant! »

A ce moment, l'ennemi fait une décharge générale, qui crible cet infortuné officier supérieur d'une vingtaine de balles; il meurt au bout de quelques minutes de souffrance, en tenant le drapeau serré contre sa poitrine mutilée et sanglante.

Alors le capitaine Morand, le plus vieux grenadier du régiment, ressaisit l'aigle et la tient haut et ferme au milieu de la mitraille ennemie. Tout l'état-major du 3° grenadiers a disparu; cependant, sous le feu terrible des Prussiens, pas un soldat ne bronche, pas un homme ne quitte le rang. Ils se groupent autour de l'étendard mutilé pour le défendre et luttent, sans céder d'un pas, contre les Allemands, qui, les voyant en si petit nombre (300 environ), commencent à s'élancer de toutes parts hors des bois, où ils se tenaient cachés.

Embusquée sur un petit mamelon boisé, cette poignée de braves combat avec le courage du désespoir; malheureusement, leurs cartouches s'épuisent, et peu à peu le feu cesse de leur côté. Enhardis par ce silence, les Prussiens débouchent en foule du ravin de Gorze et des bois environnants et s'avancent sur les grenadiers. Ceux-ci, réduits à se défendre à l'arme blanche, les attendent de pied

Fig. 16. — Grenadiers de la garde, retour de Rezonville.

ferme, la baïonnette croisée, et plus que jamais groupés et compacts autour du *palladium* du régiment.

Les Allemands avancent toujours. Un de leurs capitaines, jugeant au silence et à l'immobilité de la petite troupe française qu'elle va se rendre, se dirige seul vers le petit carré du 3ᵉ grenadiers. « Messieurs, s'écrie-t-il avec arrogance, vous êtes mes prisonniers. — C'est vous, au contraire, qui êtes le nôtre! » répond une voix mâle et vibrante, et le capitaine adjudant-major Chambry, du 1ᵉʳ bataillon, se jette, l'épée haute, sur l'audacieux.

Un duel de quelques secondes s'engage entre ces deux officiers, devant les soldats impassibles. En un clin d'œil, l'Allemand est terrassé, et le capitaine Chambry lui passe son épée au travers du corps.

A la vue de leur officier gisant inanimé sur le sol, les Prussiens se précipitent, inondant de leurs flots pressés tout le terrain qui environne les débris du brave 3ᵉ grenadiers. Un feu intense, rapide, éclate contre cette faible troupe et creuse dans ses rangs de sanglants sillons; elle va sombrer enfin sous l'effort des masses ennemies, lorsque tout à coup retentit bruyant, désordonné, le clairon français, en même temps que des cris enthousiastes arrivent jusqu'aux combattants.

C'est le 3ᵉ bataillon du 51ᵉ, conduit par le lieutenant-colonel Bréart, qui arrive au pas de course et se rue, la baïonnette en avant, sur les Prussiens. Devant cette brusque et soudaine attaque, ceux-ci lâchent pied, après un semblant de résistance, et se dispersent dans la plaine.

Le général Montaudon, à pied, l'épée à la main, charge lui-même à la tête du 51ᵉ et encourage par son exemple les hommes de ce régiment, qui roulent sur les masses allemandes comme une véritable trombe humaine. Fantassins, cavaliers, artilleurs ennemis, tous se sauvent au plus vite, poursuivis jusque sur leurs batteries de position; ils disparaissent enfin derrière les bois, enveloppés par les ombres du crépuscule.

Il est sept heures et demie du soir et, de ce côté du champ de bataille, à l'exception de quelques coups de canon éclatant de loin en loin, l'offensive prussienne est entièrement repoussée. Alors seulement les débris du 3ᵉ grenadiers se reconstituent et reprennent, magnifiques de sang-froid et de discipline, la route de leur campement du matin. Tous se serrent autour de leur drapeau déchiqueté, noir de poudre, brisé à la hampe, tronçon informe mais flottant toujours, et offrant à cette heure suprême l'image frappante de la patrie en danger et du régiment mutilé.

Dans cette mémorable action, le 3ᵉ grenadiers, sur 12 officiers présents, en avait eu 8 tués et 16 blessés; sur un effectif de 900 hommes de troupe présents le matin de la bataille, il y avait eu 472 tués ou blessés, c'est-à-dire plus de la moitié!

Les officiers tués étaient : MM. Cousin, colonel; Guenon, Audoux, capitaines; Coussirat, André, Fabrègue, lieutenants; Pollard, Petit, sous-lieutenants.

Les officiers blessés : MM. Herbillon, Lavollée, chefs de bataillon; Dandelux, de Lauzun, Geoffroy, Drevon, Volmérange, Frosté, capitaines; Tinel, Linarès, lieutenants; Delliot, Marcel (porte-aigle), Mahaud, Marchol, Orain et de Courbon-Dumoulin, sous-lieutenants.

Comme on peut s'en rendre compte par les chiffres ci-dessus, cet intrépide régiment avait, comme à Magenta, payé un cruel tribut au champ de bataille : le soir du 16, il lui restait à peine de quoi former un bataillon! Quel plus bel éloge à faire de ces braves soldats que de citer ces noms et ces chiffres! Quelle admirable armée était cette armée de Metz et quelle force de résistance, quelle puissance d'héroïsme on pouvait attendre d'elle, si on l'avait engagée franchement, au lieu de la laisser inactive, et paralysée, mourir de misère et de privations, sous les yeux d'un ennemi qu'elle avait constamment battu toutes les fois que l'occasion lui avait été donnée de se mesurer avec lui!

LE 1ᴱᴿ DE LIGNE A REZONVILLE

MORT DU GÉNÉRAL BRAYER

(16 AOUT 1870).

Les troupes du 4ᵉ corps sont en marche lorsque vers 11 heures du matin, on entend les bruits distincts d'une violente canonnade dans la direction de Mars-la-Tour à Vionville, c'est-à-dire sur la gauche des diverses routes suivies par les divisions du 4ᵉ corps. Dès les premiers coups de canon, sans attendre d'ordre, le général de Ladmirault dirige les deux divisions qu'il a sous la main, 1ʳᵉ et 2ᵉ, vers le sud. La 2ᵉ division prend les devants. La 1ʳᵉ division, sous le commandement de son brillant chef, le général de Cissey, s'élance à son tour au canon ; le 20ᵉ bataillon de chasseurs en tête, suivi des 1ᵉʳ, 6ᵉ, 57ᵉ et 73ᵉ de ligne, en colonne de pelotons à demi-distance ; la 6ᵉ compagnie du 20ᵉ chasseurs est détachée sur les flancs de la colonne.

On arrive sur la route de Metz à Verdun, après avoir débouché, à travers champs, d'une vallée étroite. Le canon redouble de violence. La division franchit un profond ravin, traverse la route d'Étain et arrive à 400 mètres de la ferme de Butricourt, où elle s'arrête un instant sur le bord d'un petit chemin de traverse et dépose ses sacs à terre. Cette marche à travers champs, au plus fort de la chaleur, à une allure extrêmement rapide, a fatigué beaucoup d'hommes; quelques-uns, trahis par leurs forces, sont restés en arrière.

A trois heures, la division de Cissey apparaît sur le champ de bataille où son artillerie l'a précédée et effectue son déploiement sur le flanc gauche de l'aile gauche prussienne, qui a été portée au nord de Mars-la-Tour, à hauteur de la ferme de Greyère.

Il est, du reste, temps que les régiments de la 1re division arrivent au secours de ceux de la 2e division qui luttent depuis plusieurs heures contre tout un corps d'armée prussien (le X). La division de Cissey débouche sur le plateau au pas de course; à droite, la 1re brigade (général Brayer), 20e bataillon de chasseurs, 1er et 6e de ligne; à gauche, la 2e brigade (général de Goldberg), 57e et 73e de ligne; chaque bataillon en colonne serrée par pelotons, en arrière et un peu à droite du grand bois de Tronville. L'ennemi, qui a aperçu l'arrivée des renforts qui viennent soutenir notre extrême droite, envoie une grêle d'obus sur les troupes du général de Cissey. De nombreux projectiles éclatent dans leurs rangs. A peine la 1re brigade de cette division achève-t-elle de se déployer qu'elle se trouve face à face avec l'infanterie allemande; au même instant, le général Brayer qui la commande a son cheval tué sous lui, pendant qu'il donne ses ordres d'attaque au 1er de ligne. Mettant aussitôt l'épée à la main, il va donner l'ordre de sonner la charge, mais le feu de l'ennemi redouble, et il tombe, frappé à mort; à côté de lui, son aide de camp, M. de Saint-Preux, capitaine d'état-major, est aussi mortellement atteint. Au moment de rendre le dernier soupir, l'infortuné général se fait apporter le drapeau du 1er de ligne, afin de mourir en regardant ce symbole de la patrie.

Il faut cependant en finir; quarante pas à peine séparent nos troupes des Prussiens. « En avant! » crient, d'une voix tonnante, les colonels, et tous les régiments de la division, emportés dans un élan indescriptible, se ruent en avant, leurs drapeaux déployés en tête et tombent comme la foudre sur l'ennemi. Cette attaque est terrible : malgré les obus qui éclatent de seconde en seconde dans leurs rangs, malgré la mitraille qui les couvre, malgré les feux de l'infanterie ennemie, nos braves troupiers, ruisselants de sueur, oubliant fatigues et souffrances, arrivent en quelques bonds, baïonnette basse, sur les rangs ennemis. Une lutte implacable s'engage sur les bords du grand ravin de Greyère. La brigade Brayer combat avec une rage indicible pour venger son chef. Au 1er de ligne se distinguent tout particulièrement par leur brillante valeur : le colonel Frémont, le lieutenant-colonel Breton, les chefs de bataillon Vigneaud et Gerder, les capitaines adjudants-majors Tremblay et Rose ; le porte-drapeau Bouilly ; les sergents-majors Martin, Dottenfeldt ; les sergents Geyzer, Roquebert (blessé), van Osteroon, Bigorne (deux blessures), Lachmann ; le sergent-fourrier Clédès, mortellement atteint ; le soldat Caytes (deux blessures) et le caporal Lagny. Cette furieuse poussée à la baïonnette dure à peine quelques minutes.

En voyant ses soldats tomber par centaines sous le fer de nos baïonnettes, le général allemand donne l'ordre aux régiments hessois et westphaliens de battre en retraite. Il n'est plus temps ; les Français couronnent de toutes parts les crêtes du ravin où est engagée la brigade hessoise, et ce ravin de Greyère devient le théâtre d'une lutte sanglante. Les rangs de la brigade von Vedell tourbillonnent et s'écrasent sous les décharges de nos chassepots.

Le massacre est terrible; les bataillons allemands, en-
gouffrés au fond du ravin, foudroyés, broyés par le feu
de nos troupes, refluent désespérément en tous sens. Leur
général est blessé, et ses deux régiments (notamment
le 16ᵉ hessois) sont presque anéantis. Le sous-lieutenant
Chabal, du 57ᵉ, enlève à ce dernier corps le drapeau de
son 2ᵉ bataillon.

L'action a été de courte durée, mais décisive et meurtrière. L'ennemi s'est retiré, laissant sur le terrain : le
16ᵉ hessois, 49 officiers et 1,336 hommes tués, blessés et
400 prisonniers, soit 1,736 hommes pour un seul régiment; le 57ᵉ westphalien perdait, lui, 23 officiers et 806
hommes tués et blessés, soit pour cette seule brigade de
Vedell, 72 officiers et 2,542 hommes hors de combat. On
peut juger par ces chiffres quel avait été l'irrésistible
entrain des régiments de la division de Cissey.

Cependant, nos troupes se sont reformées, et, enflammées par la destruction de l'infanterie ennemie, elles se
portent en avant; la 2ᵉ brigade en première ligne, les
1ᵉʳ, 6ᵉ de ligne et le 20ᵉ bataillon de chasseurs en seconde ligne.

Il était alors cinq heures du soir. Le commandant du
Xᵉ corps allemand, voyant se dessiner d'une façon très
nette les mouvements offensifs de notre 4ᵉ corps, pour

s'y opposer, en même temps que pour sauver les débris de l'infanterie hessoise et westphalienne, court à la brigade de dragons de la garde, dite brigade de Brandebourg, lui donnant l'ordre de charger le plus à fond qu'il lui sera possible. Celle-ci s'ébranle aussitôt, se porte en avant et charge contre l'aile droite de l'infanterie française qui, déployée en tirailleurs, se rallie aussitôt en une infinité de petits carrés devant l'impétuosité de cette charge, et attend de pied ferme.

Le choc est rude, chaque soldat français, bien campé, tue son homme à bout portant. Les dragons de Brandebourg, vaillamment entraînés, traversent les premiers groupes de tirailleurs, font tête de colonne à gauche et se croyant hors de danger, enfoncent dans le flanc de leurs chevaux leurs larges molettes d'acier et chargent les pelotons français qu'ils rencontrent avec la plus grande vaillance. Mais, accueillis par un tir des plus rapides, presque à bout portant, ils sont à leur tour foudroyés, et les escadrons de tête s'abattent en bloc au pied de nos carrés. Le colonel von Auërswald, qui dirige la charge, est mortellement blessé. Un officier d'état-major, 6 officiers et un capitaine tombent morts autour de lui. L'élan des dragons est complètement rompu. Les autres escadrons ne peuvent arriver sur nos baïonnettes et tournent bride, décimés par la fusillade, qui les poursuit d'une nuée de projectiles.

D'après les documents officiels allemands, cette magnifique brigade de cavalerie fut, comme le 16ᵉ hessois, à peu près anéantie. Les pertes furent surtout cruelles au 1ᵉʳ dragons de la garde. Le colonel von Auërswald, mortellement atteint, mourut de ses blessures; un major et trois capitaines, dont le prince Henri VII de Reuss étaient tués; 9 autres officiers, 125 cavaliers étaient hors de combat, ainsi que 250 chevaux. La fleur de la noblesse prussienne servait dans cette brigade de Brandebourg; à la suite du 16 août, presque toute la haute société berlinoise fut en deuil. Mais en revanche on peut également affirmer que dans ce double engagement, contre l'infanterie hessoise d'abord, et contre la cavalerie prussienne ensuite, nos troupiers du 4ᵉ corps s'étaient couverts de gloire.

Aussi, lorsque le général de Cissey passa sur le front de bandière du 1ᵉʳ de ligne, dans la soirée, il le félicita en entier, et se faisant apporter l'aigle du régiment, embrassa, tout ému, dans une commune étreinte, le brave colonel Frémont et le drapeau.

Le 1ᵉʳ de ligne compta dans cette journée 5 officiers tués et 11 officiers blessés, et environ 400 sous-officiers, caporaux et soldats hors de combat. Parmi les officiers tués, nous trouvons les noms de MM. Mathieu, capitaine; Mennétrie, lieutenant; Chaix, Gaudin et Jouchoux, sous-lieutenants.

Les progrès des Allemands avaient donc été arrêtés, et d'une manière sanglante, en avant de Mars-la-Tour. Un effort général de notre droite eût infailliblement décidé de la journée. Mais le maréchal commandant en chef, obéissant à ses secrets desseins qui sont de ne jamais quitter Metz, et non pas de rejoindre l'empereur à Verdun, fait arrêter l'offensive du 4ᵉ corps, qui ne peut pousser ses avantages, après la terrible leçon qu'il vient d'infliger aux Allemands.

Les brigades de Goldberg et Labarthe reçoivent l'ordre de se rallier sur la crête la plus avancée, dominant le grand ravin de Greyère. Les 57ᵉ et 73ᵉ bivouaquent à droite , les 1ᵉʳ et 6ᵉ de ligne ainsi que le 20ᵉ bataillon , à gauche et au centre. Nos grands'gardes occupent le plateau. La nuit qui est tombée rapidement enveloppe l'immense plaine et met fin au combat. Il est alors 8 heures et demie du soir. Le champ de bataille nous appartient et, dans la première partie de la nuit, nos troupes couchent sur leurs positions.

Vers minuit, les troupes du 4ᵉ corps se portent en arrière, vont reprendre leurs sacs où ils les ont déposés

Fig. 17. — Bataille de Rezonville : désastre de la brigade von Vedell.

dans la matinée et bivouaquent sur ces emplacements.

Dans la nuit, le maréchal Bazaine, dédaignant de profiter des avantages que lui a donnés la journée du 16, et suivant son plan bien arrêté de ne se séparer de la place de Metz qu'à la dernière extrémité, dicte au major-général les instructions suivantes, qui sont immédiatement transmises aux commandants de corps d'armée (elles leur parviennent vers minuit) :

« Après la bataille d'aujourd'hui, les corps ont dû re-
« prendre, à 10 heures du soir, leurs anciens campements,
« par suite de la grande consommation qui a été faite de
« munitions d'artillerie et d'infanterie; nous allons donc
« nous reporter sur le plateau de Plappeville.

« Le 2e corps occupera, pendant cette nuit même,
« les positions qui s'étendent entre Point-du-Jour et
« Rozerieulles.

« Le 3e corps se placera à sa droite, en avant du Châtel
« Saint-Germain, vers les fermes de Moscou et Leipsick.

« Le 4e corps, à la droite du 3e, vers Montigny, la Grange
« et Amanvillers, bordant ainsi le chemin de fer qui mène
« vers le centre de la France.

« Le 6e corps s'établira à Verneville. La garde se pla-
« cera en arrière, entre Lessy et le village de Plappeville,
« où sera porté le grand quartier général... etc.»

On ne peut se figurer le douloureux étonnement des troupes en recevant ces ordres, qui étaient mis à exécution dès le 17 au matin.

Les avantages que nous avions remportés étaient entièrement perdus, et les pertes assez sensibles de notre armée ne profitaient qu'à l'ennemi, qui se hâtait, avec son activité accoutumée, d'occuper tout le terrain conquis. Encore une bataille inutile, et malheureusement ce ne devait être ni la dernière ni la plus sanglante!

LA CHARGE DE LA BRIGADE DE BREDOW

DITE LA CHEVAUCHÉE DE LA MORT

(REZONVILLE, 16 AOUT 1870)

. . . . . Il est deux heures; la belle attitude des 2ᵉ et 6ᵉ corps a non seulement empêché l'ennemi de s'emparer de la route de Mars-la-Tour, à hauteur de Vionville, et de déboucher sur nos derrières par les ravins de Gorze, mais encore a donné un instant de répit à nos troupes.

Par ordre du maréchal Canrobert, une forte batterie française, composée des 5ᵉ, 7ᵉ, 8ᵉ et 12ᵉ batteries du 8ᵉ régiment, prend position près de la voie romaine, sur une crête se dirigeant, perpendiculairement au bois de Villers, à la route de Mars-la-Tour, et fait éprouver des pertes cruelles aux régiments prussiens de la division de Buddenbrak.

Toute l'artillerie ennemie dirige ses feux croisés sur

cette formidable batterie et essaye de lui imposer silence, mais nos braves et lestes artilleurs, par de rapides changements de position, déroutent les canonniers allemands et déciment leurs fantassins dans les épais taillis où, selon leur habitude, ils se sont mis à couvert.

En vain, l'infanterie prussienne essaie-t-elle de déboucher; ses têtes de colonne sont chaque fois broyées par la mitraille de nos canons, et certainement, en cet endroit, on peut dire que nos batteries ont accompli de véritables merveilles de justesse et de précision.

La situation devient donc critique pour les Allemands, et le général von Alvensleben, qui dirige l'action, se trouve à son tour dans la situation difficile où il avait, au début de la bataille, placé son adversaire le maréchal Bazaine, par la hardiesse et la brusquerie de son attaque. De minute en minute, le maréchal Canrobert gagne du terrain sur lui et menace de tourner sa gauche; et il n'a plus, en ce moment, ni un fantassin, ni un canon à opposer aux bataillons français qui l'environnent de toutes parts.

Alvensleben se sent donc perdu; seule, la brigade de Bredow lui reste comme dernière réserve. Il prend alors la résolution désespérée de la jeter au-devant des troupes de Canrobert, afin de gagner un peu de temps et d'arrêter pour quelques instants la vigoureuse offensive de ses adversaires. Pendant ce court répit, la 20ᵉ division d'infanterie, qu'il sait en marche vers Rezonville, sera peut-être arrivée et pourra lui prêter alors son appui. Il n'hésite donc pas, il court au général de Bredow, dont les deux régiments se trouvent abrités sur le revers nord-ouest des hauteurs de Tronville, et lui explique en peu de mots l'héroïque sacrifice qu'il attend de lui et de ses

Fig. 18. — Officiers de uhlans.

hommes. A tout prix, il faut arrêter les Français et sabrer leurs puissantes batteries. Le général de Bredow, avec la passive obéissance qui caractérise l'Allemand, depuis le grade le plus infime jusqu'au sommet de la hiérarchie, ne fait pas répéter deux fois le terrible service que lui demande son chef; il s'incline respectueusement et, piquant des deux vers sa brigade, il la dispose aussitôt en colonnes d'attaque, le 7ᵉ cuirassiers de Magdebourg (colonel von Schmettow) en tête, le 16ᵉ uhlans d'Altmark (colonel von Dollen) en seconde ligne, puis se mettant à leur tête, au commandement de *Forwærts!* il enlève les deux régiments.

Ceux-ci parcourent d'abord, au grand trot, la montée de 1,800 mètres, qui les sépare de la crête de Tronville et qui les dissimule à la vue de nos troupes, puis, arrivés à cette crête, ils tournent brusquement à droite, par escadrons déployés en colonnes d'attaque, et descendent comme une avalanche sur notre ligne d'artillerie. A cette soudaine et formidable apparition, nos batteries lâchent une dernière bordée de mitraille, forment aussitôt leurs attelages et battent rapidement en retraite, pour se mettre à couvert derrière l'infanterie. Mais leur rapidité à se porter en arrière n'empêche pas quelques-unes de nos pièces d'être compromises par le sauvage élan des cavaliers allemands. Toujours lancée à fond de train, sans s'inquiéter de la fusillade qui la décime, la brigade de Bredow traverse notre deuxième ligne de bataille, sabre ou broie sous les sabots de ses chevaux le 93ᵉ de ligne, qui tente de l'arrêter, lui enlève son aigle (1) et continue

(1) En effet, le 93ᵉ se trouva dans une situation très critique; entouré de

sa course effrénée, irrésistible, à travers nos bataillons, bousculant et renversant tout ce qu'elle rencontre sur son passage.

Elle arrive ainsi jusqu'au centre du 6e corps et s'apprête à fondre sur des masses d'infanterie, qui s'avancent à sa rencontre. Mais celles-ci s'arrêtent et l'accueillent par un feu violent et nourri de mousqueterie, qu'accompagnent les décharges de plusieurs batteries de mitrailleuses.

Devant cet ouragan de fer et de plomb, la brigade de Bredow s'arrête net; elle flotte incertaine, vacillante, comprenant que l'heure de la retraite est arrivée et que son éphémère succès est déjà bien compromis. Le *demi-tour* est sonné, et les cavaliers allemands, rassemblant leurs rênes, pressant du genou leurs montures exténuées,

uhlans, le porte-drapeau du régiment, le sous-lieutenant Labbrevoit, détacha l'aigle et le plaça dans sa tunique entr'ouverte, puis cacha le drapeau entouré de sa gaîne sous un tas de cadavres, espérant le dérober ainsi à la vue de l'ennemi. Mais un uhlan du 16e régiment l'aperçut et s'en empara; il le mettait en travers de sa selle et se préparait à fuir avec ce glorieux trophée, lorsqu'un chasseur du 5e régiment, nommé Mengin, qui chargeait en fourrageur de ce côté, aperçut cette hampe, recouverte de toile cirée, portée triomphalement par le cavalier prussien; lui donner la chasse, le rejoindre, lui plonger son sabre dans le corps et reprendre le drapeau du 93e ne fut pour le brave Mengin que l'affaire d'un instant. Le soir même, le drapeau était remis au régiment qui l'accueillait avec des transports de joie.

se préparent à redescendre le sanglant calvaire qu'ils viennent de monter. Soudain, sur leur flanc gauche, retentit bruyant, désordonné, le galop d'une forte colonne de cavalerie.

C'est la division de Forton qui arrive en première ligne et charge avec une brillante impétuosité; le 16e uhlans, pris en flanc, est culbuté, sabré et poursuivi vivement par le 1er dragons; la colonne de cuirassiers blancs, qui essaie de venir à la rescousse, est, à son tour, littéralement hachée par notre 7e cuirassiers; les cavaliers de Bredow tourbillonnent alors sur eux-mêmes, veulent fuir, mais leurs chevaux sont si essoufflés par la longue distance parcourue au galop, qu'ils sont à bout de forces et ne peuvent avancer. Alors, pour achever complètement les débris de cette malheureuse mais vaillante brigade, apparaissent à leur tour les dragons et les chasseurs de la division de Valabrègue qui, se joignant à ceux du général de Forton, se précipitent sur l'ennemi.

Les nuées de cavaliers se mêlent hurlantes et confuses; aux coups de taille des Allemands, ripostent les furieux coups de pointe de nos cuirassiers et de nos dragons. L'acharnement est si grand, le tumulte si effroyable, chaque combattant est tellement lié à son adversaire que, malgré la sonnerie du ralliement, le massacre continue toujours.

En peu de minutes, la cavalerie ennemie est presque anéantie et les pentes de Villers-aux-Bois sont jonchées de cadavres à l'*ulanka* bleu de ciel des uhlans d'Altmark et à la tunique blanche des cuirassiers de Magdebourg.

La mort a fait parmi les Allemands de terribles ravages, et de cette belle brigade de Bredow qui, avant la bataille, comptait environ 60 officiers et un millier de cavaliers, il ne revint se réfugier sous les couverts de Flavigny que 13 officiers, 70 cuirassiers et 80 uhlans. Le reste était tué ou prisonnier, et parmi ces derniers le colonel von Dollen, des uhlans.

La Chevauchée de la Mort, tel est, en Allemagne, le nom qui est resté attaché à cette héroïque charge, dont le sacrifice ne demeura pas inutile, car, sur l'ordre du maréchal Bazaine, nos régiments du 6e corps durent renoncer ensuite à la brillante· offensive qui avait précédé cette sanglante affaire et demeurer jusqu'au soir dans l'inaction.

LA DÉFENSE DE SAINT-PRIVAT

(18 AOUT 1870)

C'est le soir du 18 août; le soleil, qui n'a cessé de briller toute la journée, baisse lentement à l'horizon, empourprant de lueurs sanglantes la cime des grands bois. La lutte pourtant n'est pas encore terminée, et, sur ce vaste champ de bataille, qui ne mesure pas moins de quatre lieues d'étendue et sur lequel évoluent près de 400,000 hommes, pétille, incessante et nourrie, une intense fusillade, à laquelle se mêlent, tonnantes et formidables, les voix de plus de 800 bouches à feu.

Une des plus grandes batailles de ce siècle touche à sa fin! C'est l'heure décisive, fatale, où, une fois encore, l'ardeur et la bravoure française vont, comme à Wissembourg, à Reichshofen, à Forbach, se briser devant le nombre, et aussi devant les calculs de la stratégie allemande.

Les armées ennemies (1re et 2e) viennent d'opérer leur

entière jonction, et le XIIe corps (Saxons), apparaissant
sur l'extrême droite de nos positions, à la hauteur du village de Roncourt, complète, par sa présence, l'enveloppant et mathématique mouvement qui devait nous être
si constamment funeste pendant cette malheureuse campagne. Affaire de nombre, a-t-on souvent objecté. C'est
possible, mais, soyons assez juste pour le reconnaître,
conséquence logique d'un service d'informations tel, que
·ne laissant rien à l'inconnu, il secondait à merveille une
tactique qui n'avait plus rien à livrer aux hasards de
la guerre.

Cependant, à cette heure avancée de la journée, et bien
qu'on se battît depuis huit heures du matin, l'attitude
était encore excellente sur toute notre ligne de bataille.
Seule, l'extrême droite semblait légèrement ébranlée, car
la position de Saint-Privat, que tenait le 6e corps (Canrobert), était devenue le principal objectif des masses allemandes, qui avaient successivement échoué dans leurs attaques contre notre gauche et notre centre. Aussi, vers
quatre heures de l'après-midi, apercevait-on du côté de
l'ennemi, se concentrant devant le plateau de Saint-Privat,
des colonnes nombreuses d'infanterie, dont on préparait
les mouvements offensifs par le tir redoutable et continu
de plus de 200 pièces, balayant toute la plaine en avant

du village, et criblant celui-ci d'une grêle de projectiles.

A ce formidable déploiement d'artillerie, le commandant du 6ᵉ corps, le maréchal Canrobert, n'avait à opposer qu'une soixantaine de canons mal approvisionnés, d'un calibre et d'une portée inférieurs à ceux des Allemands, et dont l'intensité de riposte diminuant graduellement à chaque bordée, finissait vers cinq heures du soir par s'éteindre complètement, laissant à l'infanterie seule tout le poids d'une défense devenue de plus en plus critique.

C'est alors que les généraux allemands, jugeant au silence de notre artillerie que le moment d'effectuer leur grand mouvement offensif sur Saint-Privat était venu, se décidaient à en tenter l'attaque.

C'est au corps de la garde royale prussienne, commandé par le prince de Wurtemberg, qu'échoit le périlleux honneur de se rendre maître de notre position, et on lui doit cette justice, qu'il accomplit cette difficile opération avec un rare courage.

Trois brigades d'attaque entrent en ligne : à droite, la 1ʳᵉ brigade (général Berger), composée de deux régiments de grenadiers, Reine Augusta et Empereur François-Joseph ; au centre, la 2ᵉ brigade de fusiliers royaux (général von Medem) ; à gauche, la 1ʳᵉ brigade des régiments de fusiliers (général von Kessel).

Ces troupes s'avancent dans un ordre parfait et comme
·à la parade, la brigade Berger formant le premier éche-
lon. Lentement elles franchissent les pentes qui mènent
au plateau, appuyées dans leur mouvement par le feu
redoublé de leur artillerie de position et couvertes par une
uée de tirailleurs.

Pendant que les régiments royaux accomplissent cette
marche en avant, le maréchal Canrobert, sans se laisser
intimider par les forces imposantes prêtes à fondre sur
lui, parcourt rapidement son front de bataille, encoura-
geant ses troupes et les disposant, pour résister au choc
de l'ennemi, de la façon la plus énergique et la moins
meurtrière.

Derrière chaque haie, chaque mur, chaque pierre même,
nos soldats se glissent, attendant, accroupis ou couchés,
l'œil au guet, le doigt sur la détente, que la distance qui
sépare les assaillants se rapproche pour les cribler de leurs
feux. Le maréchal se portant à tout instant d'un point à
un autre, à travers mille dangers, se multiplie et retient
ses hommes impatients, car lui seul doit donner le signal
de commencer le feu.

Enfin, les Allemands paraissent, couvrant de leurs som-
bres et épaisses colonnes tout le terrain environnant le
plateau. Alors, l'épée haute, se dressant sur ses étriers,

le maréchal donne le signal tant attendu, et soudain, de
nos rangs éclate terrible, furieuse, une fusillade qui, bien

Fig. 19. — Le roi Guillaume et le maréchal de Moltke, à Saint-Privat.

dirigée et à courte distance, porte en plein dans les bataillons ennemis.

De toutes parts, la plaine est sillonnée par un ouragan
de fer qui, en quelques minutes, décime affreusement la
garde du roi Guillaume et jonche de cadavres l'angle qui

a pour base les villages de Saint-Ail et d'Habouville et pour sommet celui de Saint-Privat.

C'est donc avec raison que le souverain prussien, écrivant, le lendemain, à la reine Augusta, sa femme, lui mandait qu'en ce fatal endroit sa garde royale, l'élite et l'orgueil de l'armée, avait trouvé « son tombeau » ! Funèbre appellation qui, dans cette circonstance, était cruellement vraie, car, en moins de vingt minutes, les trois brigades prussiennes avaient perdu, en tués et blessés, 315 officiers et 6,750 hommes !

Le prince de Wurtemberg qui, des hauteurs de Sainte-Marie-aux-Chênes, surveillait l'action, décontenancé par la solide résistance du 6ᵉ corps et par les pertes nombreuses que ses troupes venaient de subir, se décidait à la retraite, faisant reprendre à ses régiments décimés leurs positions primitives.

C'est en cet instant psychologique qu'il aurait fallu voir surgir la garde impériale sur le plateau qui venait d'être le théâtre de l'effondrement de la garde royale prussienne. Son élan, son entrain, la solidité de ses hommes eussent été d'un irrésistible appui, et Canrobert, dégagé par cette puissante intervention, eût repris avec son aide une vigoureuse offensive.

C'eût été, tout le prouve aujourd'hui, une importante

victoire, où l'on aurait eu le beau et consolant spectacle de voir 140,000 Français battre 250,000 Allemands, munis d'une formidable artillerie.

Malheureusement, il était écrit que, dans cette période si fatale pour nos armes, rien, même de tactiquement élémentaire, ne devait se faire, et la garde impériale, qui aurait dû être utilisée comme une importante réserve, toujours prête à être portée sur le point menacé, avait été immobilisée, depuis onze heures du matin jusqu'à cinq heures du soir, sur les hauteurs de Plappeville, à 4 kilomètres du terrain de l'action!

Seulement, il est juste d'ajouter que Bazaine ne daigna même pas paraître sur le champ de bataille où, pour la dernière fois, se jouaient, avec des chances sérieuses de succès, les destinées de la France; il s'isola, comme à plaisir, à l'extrême gauche de nos lignes, et abandonna à leur propre initiative ses généraux. Sans ordres, ni instructions d'aucune sorte, ceux-ci hésitaient à s'engager dans une action dont ils ne définissaient qu'imparfaitement le but, et n'agissant plus alors que pour leur compte, donnaient à cette sanglante affaire le caractère décousu d'une immense échauffourée plutôt que celui d'une grande et décisive bataille!

LE 10ᴱ DE LIGNE

A LA DÉFENSE DE SAINT-PRIVAT

(18 AOUT 1870)

Certes, si pendant les grandes et sanglantes luttes sous Metz qui, en 1870, eurent pour témoins les plaines de Rezonville, de Saint-Privat, de Noisseville et de Ladonchamps, un régiment a conquis des droits imprescriptibles à la reconnaissance du pays, pour sa discipline, sa solidité et sa bravoure, c'est le 10ᵉ de ligne.

Parti de Limoges, le 22 juillet, pour l'armée du Rhin, avec un effectif de 64 officiers et 1,800 hommes de troupe, ce régiment laissait, en moins de deux mois, sur les champs de bataille lorrains, 40 officiers et 700 sous-officiers et soldats tués ou blessés.

Le 17 août, le 10ᵉ de ligne, qui faisait partie de la 1ʳᵉ brigade (général Péchot) de la 1ʳᵉ division (général

Tixier), du 6ᵉ corps (maréchal Canrobert), après avoir combattu toute la journée du 16 à Rezonville-Gravelotte avec le plus valeureux entrain, et largement contribué au gain indiscutable de cette sanglante action, s'était, suivant les prescriptions du commandant en chef, replié en arrière, prenant position et bivouaquant près du village de Saint-Privat. Le 18, vers onze heures du matin, la canonnade devenant des plus intenses sur notre droite et la position de Saint-Privat semblant devenir l'objectif réel des généraux allemands, la division Tixier prend les armes et va occuper le terrain compris entre Saint-Privat, le hameau d'Habouville et Roncourt, faisant ainsi face aux hauteurs de Saint-Ail, occupées par de nombreux bataillons ennemis, que soutenait une redoutable artillerie.

Jusqu'à trois heures et demie de l'après-midi, le 10ᵉ, déployé sur la pente du plateau, assiste, en seconde ligne, à la première phase de la bataille. Il aperçoit, en avant et sur sa gauche, la vigoureuse offensive des troupes prussiennes et saxonnes sur Sainte-Marie-aux-Chênes, que défendent avec une opiniâtre bravoure, contre des forces quintuples des siennes, l'intrépide colonel de Geslin et son régiment, le 94ᵉ de ligne, mais le 10ᵉ n'est pas engagé dans cette lutte partielle.

Vers quatre heures, le village de Sainte-Marie-aux-Chênes succombe enfin sous l'averse de projectiles qui le broie de toutes parts, et le 12ᵉ corps (Saxons), dépassant cette position, dirige rapidement ses bataillons vers Montois et Roncourt pour tourner notre extrême droite, pendant que le prince de Wurtemberg, commandant la garde royale prussienne, prépare le mouvement offensif de celle-ci sur le plateau et le village de Saint-Privat, par une effroyable canonnade.

C'est alors que le maréchal Canrobert, jugeant indispensable d'aller occuper Roncourt pour résister au mouvement tournant des Saxons, donne l'ordre à la brigade Péchot (4ᵉ et 10ᵉ de ligne) de gagner Roncourt par le chemin de crête et de s'établir face aux positions occupées par l'ennemi, de Sainte-Marie-aux-Chênes à Montois-la-Montagne. Ce mouvement est opéré par nos troupes au pas gymnastique et dans le plus grand ordre, bien que sous le feu d'une intense canonnade. Presque aussitôt le 4ᵉ de ligne est rappelé à Saint-Privat, pour s'opposer à une attaque que la garde prussienne dessine sur le côté sud de ce village.

Le 10ᵉ, resté seul, prend vivement l'ordre suivant sous la direction du lieutenant-colonel Doléac (1).

(1) Le colonel Ardant du Picq, commandant le régiment, avait été mor-

Le 1er bataillon (commandant Gény) se déploie en avant de Saint-Privat, s'abritant par des plis de terrain, des murs crénelés et des pierres de démolition. Trois compagnies du 3e bataillon se forment un peu en avant de la droite du village, à la suite du 1er bataillon et se couvrent de la même manière. Le 2e bataillon (commandant Morin), déployé en tirailleurs, prolonge cette ligne au centre, ayant à sa droite, vers Roncourt, les trois autres compagnies du 3e bataillon.

Enfin, entre les 10e et 9e de ligne, sont établis les 75e et 91e de ligne de la brigade Becquet de Sonnay (division Lafont de Villiers); le premier, à gauche, s'appuyant au 10e de ligne, le second, à droite du 9e de ligne.

Il est alors quatre heures du soir, et la bataille est dans toute son intensité. Le 10e de ligne vient d'achever son mouvement de formation en bataille, quand les Saxons du 12e corps se portent sur Roncourt avec une extrême résolution. Le général Lafont de Villiers, commandant la 3e division du 6e corps, s'aperçoit du danger, et, avec

tellement blessé le 15 août précédent, dans la plaine de Longeville-sous-Metz, par un obus parti d'une batterie légère allemande, qui, apercevant des troupes françaises au repos, les avait canonnées d'une salve qui fit dans les rangs du régiment de funestes ravages. Le même obus qui tuait le colonel du Picq blessait mortellement le commandant Deschênes, du 3e bataillon, et le capitaine Reboulet, contusionnant également le lieutenant Lône et blessant 8 soldats plus ou moins gravement.

Fig. 20. — Artillerie venant renforcer les lignes prussiennes.

l'autorisation du maréchal Canrobert, donne en personne l'ordre au 2ᵉ bataillon du 10ᵉ de ligne d'aller relever le 1ᵉʳ bataillon du 75ᵉ, qui a épuisé toutes ses cartouches, étant en première ligne, depuis le commencement de la lutte, et qui, ne pouvant plus tenir, commence à accentuer son mouvement de retraite.

Le 2ᵉ bataillon du 10ᵉ, entraîné vigoureusement par le commandant Morin, court aussitôt à découvert, sous un feu très vif d'artillerie et de mousqueterie, sur la position qui lui est assignée, et se jette devant le bois de Bronvaux, criblant de ses feux les futaies noires de tirailleurs saxons et causant dans leurs rangs de cruels ravages. Pendant deux heures, ce bataillon, intrépide d'audace et de résolution, soutient un feu meurtrier, partant du bois de Bronvaux et des hauteurs environnantes, empêchant par sa vaillante attitude tout mouvement offensif de la part de l'ennemi. Malheureusement, les cartouches, que nos hommes ont ménagées avec le plus grand soin, s'épuisent vite dans cette défensive désespérée, et pendant que notre fusillade se ralentit peu à peu, celle des Allemands redouble, au contraire, d'intensité, grâce aux renforts qu'ils reçoivent.

L'artillerie française, appuyée au village de Saint-Privat, en arrière des 1ᵉʳ et 3ᵉ bataillons du 10ᵉ de ligne, a également cessé son feu, faute de munitions, tandis que celle qui lui est opposée devient de plus en plus redoutable, couvrant tout le terrain qui rayonne autour de Saint-Privat de ses obus et de sa mitraille.

Le 9ᵉ de ligne, qui tient depuis deux heures à Roncourt, tourné de tous côtés, écrasé par les projectiles allemands qui pleuvent sur ce village, se décide à se replier, découvrant le 2ᵉ bataillon du 10ᵉ, qui se trouve, à son tour, dans une situation excessivement critique. Débordé sur sa droite, attaqué sur son front par les masses ennemies qui sortent des bois de Bronvaux et de Roncourt, les braves soldats du 10ᵉ supportent avec intrépidité les feux multiples et croisés, auxquels ils ne peuvent répondre que par quelques rares coups de fusil, car leurs gibernes sont presque vides. Quelques instants de plus, et la retraite de cet héroïque bataillon sera devenue impossible.

A ce moment, le 1ᵉʳ bataillon et les trois compagnies de droite du 3ᵉ (capitaine Bernard jeune), qui ont reçu l'ordre de couvrir Saint-Privat, voyant le danger que court le 2ᵉ bataillon, se portent aussitôt en avant, sur l'ordre du lieutenant-colonel Doléac, pour faciliter sa retraite.

Leur marche, audacieuse et rapide, à la rencontre des colonnes ennemies, s'opère avec un magnifique entrain et sans la moindre hésitation. C'est un véritable régiment d'élite, commandé par des officiers de la plus réelle vigueur. Arrivés à 600 mètres des troupes ennemies, les soldats du 10ᵉ exécutent avec ensemble des feux de salve, qui arrêtent net les assaillants, et les obligent de nouveau à se réfugier dans les nombreux bois qui couvrent cette partie du champ de bataille.

Grâce à ce brillant mouvement offensif, le 2ᵉ bataillon peut alors effectuer sa retraite, en faisant solide contenance, et, brûlant ses dernières cartouches, il remonte le plateau de Saint-Privat pour venir se défiler ensuite derrière les jardins, les haies et les murs de clôture du village.

Désormais, toute nouvelle marche en avant est devenue impossible pour les troupes du 6ᵉ corps. L'ennemi, très supérieur en nombre, protégé par une puissante artillerie, à laquelle la nôtre ne riposte plus depuis longtemps, couvre nos positions d'une grêle de projectiles. Il ne faut plus songer qu'à se défendre le mieux possible, en attendant des renforts probables. C'est ce que fait le brave 10ᵉ qui, ne se laissant nullement impressionner par l'ouragan de fer et de plomb qui l'accable de toutes parts, déploie toujours la même fermeté et ne cède pas un pouce du terrain.

En cet instant, sont grièvement atteints le lieutenant-colonel Doléac et le commandant Gény, du 1ᵉʳ bataillon ; ces deux officiers supérieurs, restés inanimés sur le champ de bataille, tombent, le soir, aux mains de l'ennemi. Le médecin-major Hanès est également blessé en soignant ses soldats. Après une heure de cette lutte inégale et sanglante, le 12ᵉ corps (Saxons), venant d'achever son grand mouvement tournant au delà de Roncourt, dessine une vigoureuse offensive sur le flanc droit de nos troupes, pendant que, sur notre front, la garde royale prusienne renouvelle une suprême et décisive attaque sur Saint-Privat.

Les soldats du 10ᵉ et les quelques débris de régiment qui défendent ce village, écrasés, débordés, noyés sous les masses grossissantes d'un ennemi quintuple en nombre, sans cartouches, sans munitions d'aucune sorte, n'ayant plus un canon pour les soutenir, sont enfin contraints à une retraite qu'ils opèrent du reste, grâce à l'énergie des officiers survivants, avec le plus grand calme, sans panique ni débandade.

Le village de Saint-Privat est en feu, on peut même dire en ruines, et l'on doit au 10ᵉ de ligne, et aux vaillants régiments qui combattaient avec lui, la justice de reconnaître qu'ils ont maintenu la défense jusqu'aux extrêmes limites du possible, et qu'ils n'ont abandonné la position que lorsqu'ils n'étaient plus abrités que par des maisons enflammées et des ruines fumantes.

Le commandant Morin, le seul officier supérieur resté debout, prend alors le commandement et fait exécuter la retraite, en se dirigeant, avec les débris du régiment, en arrière de Saint-Privat, vers les hauteurs de Saulny, où se reconstituent les fractions éparses de l'héroïque 6ᵉ corps.

Dans cette longue et sanglante action, le 10ᵉ de ligne avait payé un large et douloureux tribut au devoir et à l'honneur militaire. 6 officiers étaient tués ou mouraient quelque temps après, des suites de leurs blessures, c'é-taient : MM. Doumergue et Courvoisier, capitaines, Velsche, lieutenant, Berthelot, Gardien et Blondel, sous-lieutenants; 17 étaient blessés : MM. Doléac, lieutenant-colonel commandant le régiment, Gény, chef de bataillon, Hanès, médecin-major; Rigail, Troisrieux, Jobit et Volpajola, capitaines; Varennes, Pétot, Lapeyrère, Feydel, Leclerc et de Laidet, lieutenants; Dumareix, Villemin, Guichard et Coville, sous-lieutenants. 416 sous-officiers et soldats gisaient également sur le champ de bataille ou dans les ambulances en flammes de Saint-Privat.

Comme on peut en juger par le présent récit, le 10ᵉ de

ligne, après s'être vaillamment conduit le 16 à Rezonville, devait, le surlendemain 18, s'immortaliser dans la défense de Saint-Privat, et écrire, au prix de son sang, une des plus belles pages de son livre d'or. Brûlant jusqu'à sa dernière cartouche, il n'a cédé la position, qu'il avait mission de défendre, que pied à pied, et après l'avoir jonchée de ses cadavres, infligeant aux masses ennemies des pertes telles que le lendemain, le roi Guillaume, et avec lui tout le peuple allemand, désignait le plateau de Saint-Privat d'une funèbre appellation, qui lui restera longtemps : *Le tombeau de la garde prussienne !*

LE 94ᴱ DE LIGNE A SAINTE-MARIE-AUX-CHÊNES

(SAINT-PRIVAT, 18 AOUT 1870)

Il est midi, et sur toute la ligne de bataille de l'immense périmètre qui embrasse les villages de Rozerieulles, de Saint-Hubert, de Moscou, du Point du Jour,
d'Amanvillers, de Saint-Privat et de Roncourt, tonne une
intense canonnade, à laquelle se mêlent les crépitements
sonores de la fusillade et les sourds roulements des mitrailleuses; la bataille de Saint-Privat commence, et cette
journée qui pouvait être pour notre armée une des plus
belles victoires du siècle et, pour notre patrie, le salut
et la délivrance, ne restera dans nos annales militaires
que comme une glorieuse action, dont l'issue, grâce à la
duplicité et à l'inertie de Bazaine, ouvrait définitivement
à nos adversaires les portes de la France.

Le 94ᵉ de ligne, qui appartient à la 2ᵉ brigade de la
3ᵉ division (général Levassor-Sorval), du 6ᵉ corps (maréchal

Canrobert), reçoit, à l'heure où nous commençons ce ré-cit, l'ordre d'aller occuper le village de Sainte-Marie-aux-Chênes, qui était, en quelque sorte, la tête de ligne de notre importante position de Saint-Privat. Ce régiment prend les armes et ses trois bataillons, formés en colonne double, leur jeune colonel, M. de Geslin, à leur tête, se dirigent sur le village désigné; le 1er bataillon laisse, toutefois, trois de ses compagnies à Saint-Privat, en sou-tien de batteries.

Le village de Sainte-Marie-aux-Chênes est un gros bourg, dont la défense semblait assez difficile à constituer, car les obstacles naturels y manquaient. Une ceinture d'enclos et de jardins, qui semblait l'entourer d'un ré-seau de verdure, permettait à des combattants de s'y dis-simuler et d'y faire assez longtemps bonne contenance. Sous l'habile direction de son chef, le régiment s'épar-pille un peu partout, utilisant le mieux possible son fai-ble effectif, en raison des points à occuper. Une partie des compagnies va tenir l'intérieur du village, barricadant les principales voies, et s'installant dans les maisons; l'autre partie se jette dans les enclos situés en avant et autour du bourg, de façon à résister le plus longtemps possible. En outre, une batterie d'artillerie, la 6e du 14e régiment, ca-pitaine Heintz, vient également s'établir à quelques centaines de mètres, à l'est du village, afin d'appuyer directement le 94ᵉ; enfin, cette sommaire défense se complète par l'arrivée de 2 batteries du 18ᵉ d'artillerie qui, placées au sud de Saint-Privat, peuvent battre d'enfilade tous les abords de Sainte-Marie-aux-Chênes.

Ces dispositions prises, nos soldats attendent, debout ou couchés, à genoux ou accroupis, l'attaque inévitable que les Allemands vont prononcer sur une position naturellement indiquée à leur offensive. L'attente n'est pas longue et, vers une heure et demie, une violente canonnade, exécutée par 14 batteries, soit 86 pièces, commence à battre le village et ses abords de ses feux concentriques.

C'est la tactique allemande qui emploie ses moyens ordinaires; tout d'abord, un feu violent d'artillerie, pour préparer ensuite l'attaque de son infanterie. En effet, après une demi-heure de canonnade acharnée, s'avancent au loin, pour enlever Sainte-Marie-aux-Chênes, la 1ʳᵉ division de la garde royale prussienne (général Pape), soutenue en flanc par la 24ᵉ division d'infanterie saxonne (général von Holderberg). C'est environ un total de 24,000 Allemands, soutenus par plus de 80 pièces, qui vont se mesurer avec une faible troupe de 1,400 Français.

Il est alors trois heures de l'après-midi. Le colonel de Geslin, qui n'a aucune illusion sur l'issue fatale d'une défense s'effectuant dans d'aussi précaires conditions, prend, cependant, l'énergique résolution de ne céder qu'à la dernière extrémité et de faire à l'agresseur le plus de mal possible. A cet effet, et pour mieux attirer l'ennemi dans le piège qu'il lui prépare, il ordonne de cesser le feu à tout son monde et de ne le recommencer qu'à la sonnerie que, lui-même, se chargera de faire exécuter.

Un premier régiment ennemi s'avance en ce moment par bonds successifs, et par nombreux paquets, vers Sainte-Marie. C'est le régiment de fusiliers royaux; un colonel de haute taille, à la barbe blonde, à l'aspect martial, monté sur un vigoureux alezan mecklembourgeois, marche en avant. Il dirige ses hommes droit sur le village, et ceux-ci, la tête repliée, les reins courbés, l'arme prête, s'élancent en poussant leurs habituels hourrahs vers la principale rue du bourg.

Les soldats du 94ᵉ, abrités derrière les maisons, cachés dans des ravins ou dissimulés par des accidents de terrain, couchés dans des chemins creux ou masqués par les vieux murs de pierres sèches et les palissades vermoulues qui bordent le village, ne bronchent pas; froidement, sans tirer un coup de feu, ils laissent venir à eux et s'engager à fond les compagnies allemandes.

Toutefois, une certaine défiance semble se manifester

Fig. 21. — Le maréchal Canrobert à la bataille de Saint-Privat.

dans les rangs ennemis; ce silence, glacial comme un souffle de mort, les fait hésiter.

Mais leur colonel, plein de téméraire ardeur, ne s'inquiète nullement; il marche toujours de l'avant, clamant son rauque *Forwærts!* et derrière lui s'avancent, au pas allongé, les rangs pressés de ses fusiliers. Soudain, un clairon sonne un vibrant appel, et à peine la dernière note a-t-elle expiré qu'une effroyable fusillade retentit; de chaque maison, de chaque mur, de chaque haie, s'échappent les crépitements de nos chassepots, dont les balles vont fouiller, sans crainte de s'égarer, toute la cohue humaine qui se présente à leurs coups.

Un épouvantable tumulte succède à ces décharges; de toutes les cours, de tous les jardins, de tous les greniers, de toutes les caves des maisons environnantes, s'élancent, par centaines, nos agiles troupiers. Les fusiliers royaux veulent reculer, mais les rues sont étroites, et les derniers arrivants, ignorant ce qui se passe, poussent inconsciemment et quand même leurs têtes de colonne au-devant des terribles chassepots.

« A la baïonnette, mes enfants! » crie le colonel de Geslin, et sur cette masse, désunie, flottante, démoralisée, se ruent les soldats du 94ᵉ. Le 1ᵉʳ bataillon des fusiliers poméraniens est, en un clin d'œil, anéanti; fauché, broyé d'abord par la mousqueterie, il est achevé ensuite par la baïonnette. Le colonel von Eckert tombe l'un des premiers, mortellement atteint, et autour de lui, viennent, en tas sanglants, s'amonceler les cadavres des siens. La retraite est alors ordonnée à ces malheureuses troupes, que criblent encore, à leur passage, les boîtes à balles de la batterie du 14ᵉ, située à l'angle est de Sainte-Marie.

Mais, si les nôtres sont braves et ardents à la défense, leurs adversaires sont terriblement nombreux, et, pour un régiment détruit, dix autres se présentent. Trois heures durant, les soldats du 94ᵉ se maintiennent dans cette position avancée, faisant alterner les feux de salve et les feux à volonté.

Cependant, les forces humaines ont des limites, et devant ce perpétuel recommencement de compagnies, de bataillons, de régiments qui lui sont successivement opposés, devant les feux multiples des batteries qui, d'instant en instant, redoublent d'intensité, le 94ᵉ, que n'abritent plus que des maisons en flammes, que des murs croulants, isolé, sans appui, tourné au Nord-Ouest par l'infanterie de la 24ᵉ division saxonne, exposé à être cerné et pris, se résout enfin à quitter les ruines fumantes de Sainte-Marie-aux-Chênes.

L'ordre de retraite est donné. Le 94ᵉ se replie tout

d'abord sur Raucourt, à l'extrémité droite de notre ligne de bataille; sa retraite est bien dirigée, malgré de nombreux obstacles, par le colonel de Geslin et les officiers supérieurs sous ses ordres, MM. le lieutenant-colonel Hochstetter, et les chefs de bataillon Horcat et Froidevaux (1). A Raucourt, le régiment se rallie, se reconstitue, puis il est dirigé sur la lisière de la forêt de Jaumont, où il demeure jusqu'au soir, dans une attitude purement défensive. A la fin de cette terrible action, le 94ᵉ est de nouveau appelé au poste périlleux de couvrir la retraite des bataillons disloqués et meurtris de l'héroïque 6ᵉ corps, et il s'acquitte de sa mission avec le même dévouement.

Dans cette journée du 18 août, les pertes du 94ᵉ avaient été des plus sensibles : trois officiers étaient tués, MM. Huard et Biguenet, lieutenants, et Maguet, sous-lieutenant; 6 étaient blessés et 3 avaient disparu; en outre, 450 hommes de troupe avaient été mis hors de combat. L'avant-veille, à Rezonville, ce régiment avait également été très sérieusement éprouvé : 10 de ses officiers avaient été tués, et 14 avaient été blessés; la troupe comptait de

(1) Le commandant Froidevaux devait, en 1882, trouver à Paris, une mort glorieuse dans un incendie, où, comme lieutenant-colonel du régiment des sapeurs-pompiers, il donnait aux siens le plus bel exemple du dévouement et du courage.

son côté 540 sous-officiers et soldats hors de combat; ce qui faisait en réalité, en deux jours de bataille, 36 offi-ciers et un millier d'hommes tombés au champ d'hon-neur.

SURPRISE DE BEAUMONT

BELLE CONDUITE DU 11ᵉ DE LIGNE

(30 AOUT 1870)

C'est le 30 août, après une série de mouvements plus contradictoires les uns que les autres, et dans le détail desquels ce n'est pas le lieu d'entrer ici, que le 5ᵉ corps vint s'engouffrer en entier dans les bas-fonds de Beaumont.

> Beaumont,
> Sur un mont,
> Entre trois côtes et deux vallons.

Tel est le dicton du pays, qui peint bien la situation topographique d'un campement, qui devait devenir si funeste aux troupes destinées à être localisées dans une semblable impasse.

La division Goze (1ʳᵉ du 5ᵉ corps), mêlée avec une partie de la 3ᵉ (Guyot de Lespart), la division de cavalerie

Brahaut et presque toute l'artillerie du corps d'armée, sont placées au sud de la ville, le long de la route, dans un fond, dominé de tous côtés par des hauteurs, qui offraient, en outre, le danger d'être excessivement boisées et, partant, de pouvoir dissimuler aux yeux de nos régiments tous les mouvements préparatoires de leurs adversaires.

On voit là, s'agitant, pêle-mêle, les 11e, 46e, 61e, 86e de ligne, les 4e et 19e bataillons de chasseurs, les trois batteries divisionnaires et, confondus dans ces campements, les 17e et 68e de ligne, de la division de Lespart, des lanciers de la brigade de la Mortière, et des batteries de la réserve.

Telles sont les positions des régiments du corps de Failly, dans cette matinée du 30 août ; mal placés, mal agencés, mal surveillés, mal gardés, ayant peu ou point d'avant-postes et un service de reconnaissance nul ou à peu près nul. On avouera que l'ennemi laissé, la veille au soir, en plein contact à Bois-les-Dames, à 5 kilomètres seulement, avait beau jeu pour nous surprendre dans de telles conditions.

Pourtant, nulle inquiétude ne se manifeste au camp français ; chacun se livre au repos le plus complet, sans crainte de l'orage qui se prépare. Les soldats font la cui-

Fig. 22 — Repos au camp français.

sine, lavent leur linge, nettoient leurs armes ; les chevaux de l'artillerie sont à l'abreuvoir, les hommes circulent librement de Létanne à Beaumont, beaucoup même vont jusqu'à Pouilly pour essayer de se procurer du pain et des vivres.

Cependant, plus on avance dans la matinée, plus certains bruits vagues mais persistants prennent consistance et signalent en divers points environnants la présence de l'ennemi.

Midi vient de sonner, les corvées françaises envoyées à Beaumont rentrent à peine au camp, on va procéder aux distributions. Les chevaux de la cavalerie sont toujours au piquet, ceux de l'artillerie ne sont pas rentrés de l'abreuvoir, les feux sont allumés, les marmites prêtes à recevoir la viande qu'on est allé chercher au village ; les officiers et soldats qui ne sont pas de service reposent paisiblement sous les tentes encore dressées. Enfin, rien ne trahit l'appréhension d'une attaque.

Toup à coup, une détonation ébranle l'air, un obus, lancé par un invisible canon, passe en sifflant au-dessus du camp et va éclater dans le parc d'artillerie. A ce premier coup de canon, tranchant sur un calme parfait, une seconde détonation répond à droite, une troisième à gauche : l'ennemi est devant nous.

En un instant, de rapides éclairs illuminent la lisière des bois, de toutes parts le canon tonne, les obus allemands sillonnent le camp du 5ᵉ corps, y portant partout le trouble et la mort. De chaque arbre sort un soldat prussien, de chaque éminence surgit une batterie. Les bois de Warniforêt, de la Tuilerie au pont Gaudras, se couvrent de fumée en quelques minutes, et une grêle de projectiles de toutes sortes s'abat sur nos soldats stupéfaits.

Le 5ᵉ corps est attaqué à la fois à gauche, du côté de Stenay, par les 22ᵉ et 23ᵉ divisions du XIIᵉ corps (Saxons); au centre, par les 7ᵉ et 8ᵉ divisions du IVᵉ corps, et sur le flanc droit par le Iᵉʳ corps bavarois, qui arrive par la route de Stonne.

En face de cette triple attaque et pour résister à son premier choc, il n'y a que la division Goze, formée des brigades Saurin et Nicolas, et les 4ᵉ et 19ᵉ bataillons de chasseurs; 2 pièces d'artillerie peuvent seulement être mises en batterie. En réalité, ils sont 5,000 contre 50,000.

Faisant preuve d'énergie et d'initiative, le colonel de Béhagle, du 11ᵉ de ligne, qui n'a pas quitté sa tente depuis le matin et qui, manquant de vivres, a partagé, dans la matinée, le café noir de son ordonnance, prend le commandement de ces troupes éparses.

Au premier coup de canon, les soldats du 11ᵉ se sont

précipités sur leurs fusils. Le second obus prussien tombe dans leur camp, y emporte un pauvre enfant de Beaumont, le caporal Gautier, qui vient ainsi mourir sur le sol natal. Un nouvel obus fracasse un bouquet de jeunes chênes, contre lequel est adossée la tente du colonel.

En un clin d'œil, le régiment se forme en bataille. « En avant, le 11e! » s'écrie le colonel et, sans tenir compte de l'infériorité numérique, sans calculer combien les chances sont inégales, ce brave officier s'élance à la tête des siens, qui le suivent résolument.

Dans cette situation difficile, le 11e tient bon une demi-heure. Seul, il est exposé à l'armée allemande tout entière, pendant les mouvements préparatoires des autres régiments de la division, car, seul, il faut lui rendre cette justice, il s'est trouvé le premier prêt sous l'avalanche de fer et de plomb déchaînée sur nos troupes.

Visant à genoux ou couchés, les soldats du 11e tirent avec le plus grand sang-froid et à coup sûr dans les noires et profondes masses qui descendent des collines : leurs balles fouillent si bien les régiments prussiens que ceux-ci reculent et vont se dissimuler derrière la forêt. En quelques intants, une batterie allemande d'avant-garde perd 24 chevaux et 26 canonniers. Deux bataillons du 86e poméranien sont décimés et lâchent pied, sous la grêle des balles que font pleuvoir sur eux nos fantassins.

Mais, si les assaillants subissent des pertes sensibles par le feu de nos chassepots, leur nombreuse artillerie nous couvre de projectiles.

Le 11ᵉ, écrasé par la supériorité numérique de l'ennemi et par la grêle d'obus qui fait rage sur lui depuis une demi-heure, cède le terrain, mais pied à pied, et ne bat définitivement en retraite que lorsqu'il se voit menacé d'être débordé sur sa droite et sur sa gauche.

Le colonel, qui se tient avec la première ligne de ses tirailleurs, vient de donner l'ordre à un sous-lieutenant d'artillerie de mettre en position une pièce égarée dans la vallée, lorsqu'une balle, partie à 500 mètres environ de la Maison-Blanche, lui traverse le foie et les reins. Ce brave officier, mortellement atteint, a encore la force de crier, au moment où ses sapeurs, groupés autour de lui, l'emmènent à l'ambulance : « Allons, mes enfants! soutenez l'honneur du régiment. Courage! courage! »

Transporté à l'ambulance de Beaumont, le colonel de Béhagle y meurt le lendemain, et les Prussiens rendent les honneurs militaires à son convoi, escorté par un soldat du 11ᵉ, le bras en écharpe, qui avait demandé, comme unique faveur, de porter l'eau bénite pour la sépulture de son chef.

M. de Béhagle était un intrépide soldat. Chef de bataillon à Solferino, il était allé avertir, au péril de sa vie, le quartier général que l'armée française avait devant elle toute l'armée autrichienne, et ce fut par miracle qu'il échappa à la mort dans cette difficile mission. Aussi bon que brave, il était adoré de ses officiers et de ses soldats, qui pleurèrent en lui un chef aussi distingué par ses belles qualités militaires que par son caractère aimable et sa bienveillante sollicitude pour tous ses subordonnés.

A ses côtés tombe blessé le chef de bataillon Friant, du 2ᵉ bataillon ; le capitaine adjudant-major Humblet est tué et le commandant Grieb est démonté. 35 officiers et 800 hommes du régiment ont été atteints en moins d'une heure.

La retraite du 11ᵉ de ligne s'effectue avec ordre, grâce à la fière contenance de son 2ᵉ bataillon, commandé par le capitaine Bonnet, qui sut, dans cette difficile circonstance, rallier ce qui restait du régiment.

LE 88ᴱ DE LIGNE AU PONT DE MOUZON

(30 AOUT 1870)

Après la bataille de Beaumont, où le 5ᵉ corps avait été écrasé par l'ineptie et l'imprévoyance de son chef, le général de Failly, quelques débris de régiment avaient dû se sacrifier pour maintenir l'ennemi et soutenir la retraite; de ce nombre étaient quelques fractions du 88ᵉ de ligne, sous les ordres du lieutenant-colonel Demange.

Après avoir vivement combattu et retardé la marche de l'ennemi, ces braves gens, débordés de toutes parts, avaient été obligés, à leur tour, de battre en retraite et s'étaient dirigés, à la nuit tombante, vers une grande ferme, située sur la rive gauche de la Meuse, d'où ils espéraient, à la faveur de l'obscurité, prendre la route de Mouzon et rallier l'armée. Malheureusement, à peine s'étaient-ils mis en marche pour exécuter ce projet, qu'ils apprenaient, par des gens du pays, que le faubourg et le pont de cette petite ville venaient d'être occupés par les Allemands.

La situation devenait critique, car le cercle allemand se rétrécissait de minute en minute autour de nos troupiers du 88e, et les éclaireurs, envoyés dans les diverses directions, revenaient, après s'être heurtés de tous côtés à des fantassins au casque pointu. La perspective de tomber au pouvoir de l'ennemi se dessinait de plus en plus nettement, aussi le lieutenant-colonel Demange, intrépide et vaillant soldat s'il en fût, n'hésite pas une seconde : il réunit ses officiers, leur fait entrevoir franchement le danger, et termine en leur disant qu'il n'y a que deux partis à prendre, ou trouver un gué sur la Meuse, ou percer les troupes prussiennes qui gardent le passage.

Tout d'abord, on se résout à chercher un gué; après de longues et vaines investigations, désespérant d'en trouver, et sachant d'ailleurs qu'un grand nombre de fuyards avaient, dans la soirée, trouvé la mort dans les eaux du fleuve, le parti le plus énergique, celui de se frayer la route, les armes à la main, finit par rallier tous les avis. Seulement, avant de tenter un moyen aussi extrême, il faut s'assurer tout d'abord si Mouzon, situé sur la rive droite de la Meuse, est bien encore au pouvoir des Français.

Le lieutenant Kelberger, Alsacien de naissance, qui parle couramment la langue allemande, est chargé de la périlleuse mission de s'approcher des sentinelles ennemies et de les questionner. A cet effet, il revêt la capote et se coiffe du casque d'un capitaine saxon, dont le cadavre gît sur la grand'route, et se dirige vers le faubourg, qu'il trouve encombré de soldats allemands ; il se mêle à eux et apprend que si le faubourg est occupé par leurs troupes, en revanche, la ville est toujours au pouvoir des Français. Il retourne alors vers le détachement et rend compte de sa mission, au colonel Demange, qui décide sur-le-champ que le coup de main aura lieu, une heure avant le jour.

La petite troupe, réduite à 13 officiers et à 210 hommes, est alors partagée en dix pelotons, de 8 à 10 hommes de front, commandés chacun par un officier.

Le lieutenant-colonel se met à la tête de la colonne, ayant à sa gauche le chef de bataillon Escarfail, et à sa droite le capitaine adjudant-major Lordon. Le lieutenant Kelberger se place à côté du capitaine Lordon pour guider la colonne.

Il est trois heures du matin, un silence de mort règne dans toute la plaine ; de temps à autre seulement, le hennissement d'un cheval blessé se fait entendre, et trouble ce calme lugubre. On attend ainsi quelque temps, l'arme au pied, puis le colonel faisant craquer une allumette au fond de son képi, tire sa montre et constate qu'il est quatre heures moins le quart. « C'est l'heure, » dit-il à voix basse ; on s'approche alors lentement de la route, chaque soldat vérifiant soigneusement son arme et y ajustant le sabre-baïonnette ; puis la colonne se dirige, dans le plus profond silence, vers l'ennemi.

Tout à coup, une sentinelle prussienne fait entendre un retentissant *Werda !* (qui vive !), et ne recevant pas de réponse, elle fait feu au jugé. La petite troupe française, ayant à sa tête son vaillant chef, prend alors le pas de course ; vainement, la grand'garde, composée de la 11e compagnie du 27e régiment de Poméranie, court aux armes et commence la fusillade, elle est culbutée jusqu'au milieu du faubourg, la baïonnette dans les reins, et semant dans sa fuite des morts et des blessés.

Malheureusement, en cet instant, le brave colonel Demange tombe mortellement blessé d'une balle dans l'aine. « En avant, » s'écrie-t-il en tombant, « en avant ! Mes enfants, ne vous occupez pas de moi, j'ai mon compte ! » Et le 88e continue sa marche audacieuse. Quelques minutes après, tombe le courageux lieutenant Kelberger, tué d'une balle en plein front. La colonne est alors parvenue dans la rue principale du faubourg.

Fig. 23. — La petite troupe du 88° de ligne escalade la barricade du pont de Mouzon.

La 10ᵉ compagnie du 27ᵉ prussien en occupait les maisons. Réveillés par la fusillade, les Allemands courent aux armes et se portent aux fenêtres, d'où ils dirigent un feu meurtrier sur notre poignée de braves. Malgré une pluie de balles, qu'heureusement l'obscurité ne permet pas de diriger, malgré les coups de baïonnette qui s'échangent le long des portes, malgré les renforts amenés en toute hâte par le colonel prussien Hildebrandt, la petite troupe française, bien que cruellement décimée, n'en continue pas moins sa course, et arrive au pont de Mouzon, qui était barricadé par de fortes voitures remplies de pierres et de madriers; elle escalade, au prix d'efforts inouïs, ce dernier obstacle et se retrouve enfin au milieu des Français. C'est alors qu'on se compte : sur 223 officiers et soldats qui sont partis de la ferme de Givodeau, 90 seulement répondent à l'appel; le reste est tué, blessé, noyé ou prisonnier.

Parmi les victimes de ce drame héroïque et sanglant, nous devons signaler en première ligne, le colonel Demange, blessé à mort dès le début de l'action et décédé à l'ambulance de Mouzon, le 12 septembre suivant; le lieutenant Kelberger, tué; le capitaine David qui, déjà blessé dans le courant de la journée, reçoit une seconde balle, en dirigeant la retraite, et est emporté par ses hommes;

les lieutenants Croquez et Manfredi, faits prisonniers.

Furent également cités à l'ordre de l'armée, le sous-lieutenant Robert, aujourd'hui capitaine breveté d'état-major, qui aida le commandant Escarfail à traverser la barricade, que son âge et son embonpoint ne lui permettaient pas de franchir, et le sergent Morel, actuellement capitaine au 79e, qui porta sur son dos, pour escalader les derniers obstacles, le soldat Camon, grièvement atteint.

Le matin même de ce courageux épisode, cette poignée de héros se mettait en route, sous le commandement du chef de bataillon Escarfail, et rejoignait le reste du régiment sur les hauteurs de Floing, près Sedan.

Sur les 2,000 hommes qu'il présentait à son entrée en campagne, le 88e n'en comptait plus que 900 environ.

LE 34ᵉ DE LIGNE

AUX COMBATS DE MOUZON (30 AOUT)
DE BAZEILLES (31 AOUT)
ET A LA BATAILLE DE SEDAN (1ᵉʳ SEPTEMBRE 1870)

Le 30 août, vers une heure, une violente canonnade éclate dans la direction de Beaumont, c'est le 5ᵉ corps (de Failly) qui, surpris par l'armée saxonne, effectue, en combattant, sa retraite sur Mouzon. Le 12ᵉ corps prend immédiatement ses positions de combat. Le canon se rapproche; on voit maintenant défiler des convois, de l'infanterie et de la cavalerie françaises. Des blessés, des fuyards arrivent de tous côtés dans les rangs du 12ᵉ corps; ils racontent la déplorable surprise de Beaumont et la retraite précipitée de notre 5ᵉ corps. La canonnade se rapproche toujours, et sur les hauteurs de la rive gauche de la Meuse, ce ne sont plus les batteries françaises qui sont en position, mais bien les batteries allemandes, dont les obus fouillent les pentes environnantes et les rives de la Meuse. Sur la lisière des bois, commençaient à se montrer les tirailleurs.

L'armée prussienne marche vers le fleuve, opérant ce grand mouvement en fourche, qui va acculer notre armée sur Sedan, la cerner et finalement la faire s'effondrer dans ce fatal entonnoir.

Au bruit du canon, le général Lebrun ordonne à la 2ᵉ brigade de la division Grandchamps (58ᵉ et 79ᵉ) de passer la Meuse à Mouzon et de protéger la retraite du 5ᵉ corps; cette brigade exécute ce mouvement avec rapidité, mais l'ennemi, qui tient déjà toutes les hauteurs, la foudroie de ses feux et la ramène vers la Meuse. La première brigade (Cambriels, 22ᵉ et 34ᵉ de ligne) s'engage alors sur le pont de Mouzon, pour franchir la Meuse à son tour; mais ce pont est encombré par le gros des fuyards du 5ᵉ corps, et il est impossible aux troupes fraîches d'avancer. Enveloppée dans le flot de la retraite, la brigade Cambriels ne peut se déployer; elle recule avec ordre et à grand'peine parvient à regagner Mouzon.

Le 34ᵉ s'arrête, la tête de colonne à hauteur de la route de Stenay, dans le chemin de Carignan. Les Français, dans Mouzon et sur les hauteurs qui dominent la ville, tirent sur les Allemands, établis dans le faubourg et la plaine, le long de la Meuse. L'ennemi riposte sur toute la ligne en faisant un feu des plus violents et dirige surtout ses coups sur le moulin situé en amont de Mouzon et sur le 34ᵉ, masqué sur un chemin creux à mi-côte. Sous ces feux croisés, les jeunes soldats du régiment, qui voient le feu pour la première fois, semblent mal à l'aise. Pour les rassurer, le lieutenant Grandidier monte sur le talus, se promène tranquillement, sort un cigare de sa poche et l'allume. A la nuit, le 34ᵉ fait demi-tour, pour remonter sur la hauteur qu'il a quittée le matin. A peine est-il en marche qu'un obus tombe, éclatant à l'endroit même où quelques minutes auparavant se tenait le lieutenant Grandidier.

A dix heures du soir, la division Grandchamps se met en marche sur Sedan. Vers huit heures du matin, elle arrive à Bazeilles, village situé à 3 kilom. à peine de Sedan.

En même temps, une nombreuse troupe d'infanterie se fait voir en face, sur les hauteurs de Noyen, et serpente sur le flanc des colonnes : c'est l'ennemi qui suit nos troupes depuis le départ de Mouzon, guettant leurs mouvements, épiant l'occasion de commencer l'attaque. Quelques instants après, vers neuf heures, plusieurs obus viennent tomber autour de la station de Bazeilles, et un feu nourri d'artillerie commence contre le 34ᵉ de ligne.

Aussitôt les compagnies du régiment sont disposées dans les fossés de la route, légèrement en remblai, à l'entrée du village, et ordre leur est donné de le défendre à tout prix. Ce brave régiment va s'acquitter dignement de sa tâche et, le soir, il recevra les félicitations du général commandant le corps d'armée.

Les 1ᵉʳ et 3ᵉ bataillons du 34ᵉ se portent ensuite en avant et prennent position contre les jardins, du côté de la Meuse. Le 2ᵉ reste en réserve dans la grande rue de Bazeilles, en face de l'église. Un combat d'artillerie des plus vifs se livre alors au-dessus de la gare et des prairies. A dix heures, l'action bat son plein. Les soldats du 34ᵉ, sous cet ouragan de mitraille et d'obus, attendent tranquillement l'ennemi, couchés sur plusieurs rangs, au milieu des cultures. Le capitaine Devaux tombe, grièvement blessé par un éclat d'obus. Vers onze heures, les Bavarois commencent à se montrer, et à tâter les abords du village; toute leur artillerie s'étage en plusieurs lignes sur les hauteurs de Wadelincourt et de Liry et font un feu d'enfer sur le 34ᵉ, qui, décimé, écrasé par cet ouragan de projectiles auquel il ne peut répondre, est contraint à la fin de se replier. Le régiment compte deux officiers tués, le lieutenant Collignon et le sous-lieutenant Geantel, et six blessés, les capitaines Devaux, Mas, les

Fig. 24. — Batterie d'artillerie bavaroise.

lieutenants Rogissart, du Bourquet de la Lande, Fournier et le sous-lieutenant Pidancet; 300 hommes de troupe ont été également mis hors de combat.

Le 34ᵉ est reformé dans le haut de Bazeilles, et reprend sa place de bataille à côté de l'infanterie de marine. Tout le bas du village est tombé au pouvoir de l'ennemi, et son artillerie n'en a fait qu'un monceau de ruines. Mais la résistance acharnée des nôtres l'empêche de déboucher sur la place de l'église. Les 34ᵉ et 22ᵉ de ligne, les 2ᵉ et 8ᵉ de marine chargent plusieurs fois à la baïonnette et culbutent les Bavarois. Enfin, à cinq heures du soir, après une lutte sanglante de huit heures, nos troupes restent maîtresses du terrain. L'ennemi, abandonnant le bas du village, dont les maisons incendiées ne lui offrent aucun abri, va se retrancher derrière la tête du pont du chemin de fer.

Le 34ᵉ est ramené en arrière dans la soirée et va camper en face de la Moncelle, le 12ᵉ corps couvrant la gare de Bazeilles, la chaussée et le pont du chemin de fer, qui traversent obliquement la Meuse et la prairie.

Le lendemain matin, 1ᵉʳ septembre, à 4 heures, le réveil est sonné et les troupes prennent, sur l'immense périmètre qui entoure Sedan, leurs positions respectives de combat. Le 34ᵉ, qui, la veille, a le premier, si énergiquement défendu Bazeilles, est d'abord placé en réserve près du camp retranché de Sedan, et chargé de défendre le Fonds de Givonne.

Vers six heures du matin, le régiment est porté en soutien de l'artillerie divisionnaire et reste dans cette situation inactive jusqu'à neuf heures. A ce moment, une fusillade bien nourrie se fait entendre au fond d'un ravin couvert d'arbres, qui s'étend entre la petite Moncelle et Bazeilles. A dix heures, notre artillerie ayant éteint son feu, le 34ᵉ s'avance en colonne et va prendre position à la droite du terrain qu'occupe cette artillerie, et d'où il domine le ravin au-dessus de la Romarie, au nord de Moncelle. Un obus vient tomber sur une compagnie du régiment, tue deux soldats et en blesse cinq autres; un second, puis un troisième, et une nuée de projectiles s'abattent sur le 34ᵉ, qui se replie et va se placer près du camp retranché, à droite et à gauche d'un redan. De nouveau, il est, dans cette position, accablé d'une grêle d'obus, qui heureusement ne lui font qu'un mal relatif, car tombant dans des terres labourées et molles, les projectiles n'éclatent pas.

Vers une heure et demie, le 34ᵉ quittait, sous les ordres du colonel Hervé, le camp retranché, et se dirigeait vers le Fonds de Givonne, sérieusement attaqué par l'ennemi.

Aussitôt qu'il y arrive, l'artillerie allemande ouvre sur lui une canonnade des plus vives, et le feu s'engage également entre notre infanterie et celle de l'ennemi, qui, dissimulée sous bois, attend les nôtres à bonne portée.

Bien embusqués, les Saxons commencent la fusillade contre nos compagnies déployées en tirailleurs, qui ripostent avec énergie. L'adjudant Badier a la poitrine traversée par une balle. Le capitaine Chemet a les deux genoux fracassés et est emporté par ses soldats, mortellement blessé. Peu à peu, les forces allemandes augmentent; le 34ᵉ, tout en disputant le terrain pied à pied, est contraint de repasser la route de Bouillon. Là, il s'arrête de nouveau. Les soldats se retranchent derrière le remblai. Les officiers, utilisant de gros pavés de grès, placés en tas, les font prendre par leurs hommes, pour en former des créneaux.

L'ennemi concentre alors sur le régiment le feu d'une nombreuse artillerie. Des boîtes à balles éclatent sur la chaussée avec un fracas épouvantable. Le 34ᵉ se replie de nouveau. Les Saxons sortent alors du petit bois et prennent l'offensive; accueillis, à moins de 100 mètres de distance, par un feu à volonté, bien dirigé, ils sont, à leur tour, obligés de se retirer.

Encouragé par cette retraite de l'ennemi, le capitaine

Vallat, suivi de son lieutenant Héory, se porte en avant, entraînant sa compagnie; une vive fusillade de l'ennemi l'arrête net dans son élan et le contraint à se replier. Le 34ᵉ, foudroyé par une nombreuse artillerie, bat en retraite. Le commandant Royer, du 2ᵉ bataillon, charge le lieutenant Grandidier de couvrir ce mouvement en arrière avec les débris de sa compagnie. Cet officier s'occupe de cette mission avec un rare sang-froid, infligeant, par des feux de salve qu'il commande à sa petite troupe, des pertes cruelles aux Saxons, qui le talonnent. Vers quatre heures, toutes les fractions éparses du régiment se retrouvent sous les murs de Sedan. Dans cette malheureuse journée, où le 34ᵉ a déployé les plus belles qualités de solidité et de courage, il a perdu six officiers : MM. Frémicourt, capitaine adjudant-major, Roux, Wickel et Chemet, capitaines, ainsi que les lieutenants Poux et Traverse; six étaient blessés, et la troupe comptait 28 tués, 138 blessés et 158 disparus.

A cinq heures du soir, quelques officiers du régiment, suivis d'environ 200 de leurs hommes, essayaient une sortie désespérée vers Balan; mais cette dernière et courageuse tentative ne pouvait plus aboutir devant la profondeur des masses ennemies, qui enserraient nos troupes d'un cercle de feu.

Vers le soir, par ordre de l'empereur, le drapeau blanc est hissé sur la citadelle de Sedan. C'est le premier chapitre de la capitulation qui commence. Le lendemain, ce drame aura son épilogue, dans l'internement de notre armée prisonnière de guerre dans la presqu'île d'Iges.

Le 2 septembre, devant les officiers, sous-officiers et soldats du régiment, le drapeau est brûlé; quelques lambeaux, à demi consumés, sont pris par les militaires du régiment qui, à leur retour de captivité, les rapportèrent au corps : ils figurent aujourd'hui dans la salle d'honneur du 34ᵉ. L'aigle fut jeté dans le fossé du rempart, rempli d'eau; les cartouches qui restaient aux hommes et les culasses mobiles de leurs chassepots furent également noyées.

Telle fut, pendant ces trois sanglantes et malheureuses journées, la belle attitude du 34ᵉ, qui sut ne pas faillir aux traditions de gloire que lui avait léguées ses aînés d'Austerlitz et de Solferino.

LA DÉFENSE

DU VILLAGE DE COINCY SOUS METZ PAR LE 4ᴱ DRAGONS

COMBAT DE SERVIGNY

(31 AOUT 1870)

S'il est tout naturel de proclamer dans des épopées comme celle de Morsbronn, de Reichshofen et de Floing, la vaillance de nos cavaliers lorsque, pour le salut de l'armée, il leur est commandé de charger jusqu'aux extrêmes limites des forces humaines, il nous paraît également bon de signaler leur bravoure et leur solidité, quand les péripéties de la bataille exigent d'eux le combat à pied.

L'armée de Metz, en deux occasions mémorables, a vu deux régiments de sa cavalerie, le 4ᵉ dragons, à Servigny, le 31 août 1870, et le 12ᵉ de même arme à Forbach, le 6 août, accomplir comme fantassins des prodiges de valeur dignes des meilleures troupes d'infanterie.

Le premier de nos récits est consacré à la défense du village de Coincy par le 4ᵉ dragons, à la tête duquel se trouvait à cette époque le colonel Cornat qui, depuis, commanda, en qualité de général en chef, les 4ᵉ et 18ᵉ corps d'armée.

Le 31 août 1870, avait lieu sous Metz, la grande sortie qui, si elle eût réussi, ou, pour être plus exact, si Bazaine avait voulu la faire réussir, pouvait changer complètement la situation, en empêchant le désastre de Sedan.

Il était environ six heures du soir; le 4ᵉ dragons de la division Clerembault, du 3ᵉ corps, était en réserve à l'aile droite de l'armée, auprès de la route de Metz à Sarrebruck; les hommes, pied à terre, attendaient, la bride passée au bras, que des ordres vinssent les faire entrer en ligne. De tous les côtés où le regard pouvait porter, la ligne de bataille était en feu; à la droite, au centre comme à la gauche, pétillait une intense fusillade, que dominaient les voix puissantes et continues de 300 bouches à feu.

A ce moment, un officier d'ordonnance du grand état-major général, arrive en toute hâte prévenir le colonel Cornat, qu'un bataillon prussien de 800 hommes environ s'avançait vers Coincy, petit village situé vers la droite de nos positions et dominant toute la plaine. L'ennemi, une fois en possession de ce point stratégique, pouvait prendre d'écharpe toute notre aile gauche et faire énormément souffrir cette partie de notre ligne de bataille. Or, en cet endroit, il n'y avait plus une seule compagnie d'infanterie disponible.

Sans hésiter, le colonel Cornat fait sonner à cheval, rassemble ses escadrons et part au galop, suivi de tout son régiment qu'il arrête derrière le village. Là, il fait mettre pied à terre aux deux premiers escadrons, les porte au pas de course à 200 mètres en avant des maisons et les dispose en tirailleurs, couchés derrière des murs, des haies, de petits fossés, de façon à recevoir l'ennemi dans une favorable défensive. Celui-ci, d'ailleurs, ne se fait pas attendre, car à peine nos dragons sont-ils installés qu'une compagnie prussienne, montant vivement par le petit chemin encaissé qui conduit au village, fait apercevoir ses casques à pointe Le colonel qui, sans se soucier des balles sifflant de tous côtés, est resté à cheval pour mieux surveiller les mouvements de l'ennemi, ordonne alors le feu, et soudain, de nos lignes éclate une vive fusillade. Les Prussiens, interdits, s'arrêtent d'abord, croyant avoir devant eux un nombreux parti d'infanterie; mais bientôt, les rayons obliques du soleil couchant font étinceler les casques des dragons, et cette constatation redouble l'ardeur des fantassins ennemis qui, malgré des pertes sensibles, continuent à s'avancer en tirailleurs.

De part et d'autre alors, la fusillade devient furieuse; on se tiraille de si près que les balles, au lieu du sifflement habituel, rendent un son métallique comme une corde de guitare qu'on pincerait, et au milieu de cet ouragan de plomb, nos dragons et leur brave colonel, toujours campé sur son bel alezan noir, restent impassibles et ne bronchent pas d'une semelle.

Cependant, les Prussiens, qui reçoivent d'incessants renforts, dessinent de plus en plus leur offensive, et pour comble de malheur, de notre côté les cartouches commencent à manquer. Depuis vingt minutes, la lutte dure dans la proportion d'un contre huit; et on a perdu tant de monde qu'il va falloir reculer. Mais le colonel Cornat veut qu'on tienne encore, et il donne à cet égard des ordres pour qu'on se barricade dans les maisons du village. Ce sera une lutte à outrance, pied à pied, car il ne sera pas dit que le 4ᵉ dragons aura reculé, si nombreux que fussent les Allemands.

Heureusement, à cet instant critique, retentit le son d'un clairon d'infanterie : c'est le 15ᵉ bataillon de chasseurs,

Fig. 25. — Le 15e bataillon de chasseurs à pied dégage le 4e dragons.

dont la fanfare lance joyeusement son refrain aux échos d'alentour :

Je fumerais bien une pipe,
Mais je n'ai pas de tabac !

Essoufflés par une longue course à travers champs, nos chasseurs arrivent, passent comme une trombe devant les dragons, prennent leurs emplacements et recommencent immédiatement une fusillade tellement nourrie, tellement meurtrière, que cette fois, les Prussiens reculent en désordre et renoncent à la prise de Coincy, qu'ils croyaient déjà tenir.

Le colonel du 4ᵉ dragons réunit alors ce qui lui reste de monde et, se plaçant en tête, il repasse à travers les rues du village, suivi de ses hommes, noirs de poudre et de poussière, salués par les paysans, qui sortent de leurs maisons, en criant : *Vivent les dragons !*

Quelques cents mètres plus loin, les braves du 4ᵉ retrouvaient leurs montures, et tout joyeux du devoir accompli, ils sautaient en selle, non sans jeter toutefois un regard sur les vides faits dans les pelotons et sur les chevaux qu'on emmenait par la bride, privés qu'ils étaient de leurs cavaliers, restés là-bas dans la plaine.

C'est donc un brillant fait d'armes pour le 4ᵉ dragons

que cette intrépide défense d'un village par 200 cavaliers,
luttant pendant plus d'une heure contre 1,000 Prussiens,
mieux armés et surtout mieux approvisionnés qu'eux.
Nous avons tenu, en racontant ce petit épisode de la campagne sous Metz, à démontrer qu'énergiquement conduits, et quelle que soit leur arme, nos soldats savent,
en toutes circonstances, faire noblement leur devoir.

LES CHARGES DE FLOING

MORT DU GÉNÉRAL MARGUERITTE

(SEDAN, 1er SEPTEMBRE 1870)

En feuilletant la cruelle histoire de l'année terrible, en relisant une à une ces pages douloureuses, on ne peut se défendre d'un sentiment de sincère émotion et de véritable admiration envers nos intrépides soldats qui, tout vaincus qu'ils aient été, ont su, du moins, transmettre intact l'héritage d'honneur et de bravoure que leur avaient légué leurs aînés.

Parmi les épisodes les plus émouvants de cette malheureuse campagne, les charges de Floing, exécutées le jour fatal de Sedan par la division Margueritte, peuvent être citées comme un exemple de la plus chevaleresque bravoure et du plus noble dévouement. Comme leurs intrépides frères d'armes, les cuirassiers de Reichshofen, les chasseurs et les hussards de Floing s'offrirent en holocauste, mais n'eurent pas, comme les premiers, la consolante satisfaction de voir leur sacrifice couronné par le salut de l'armée. La plupart d'entr'eux tombèrent et moururent dans une catastrophe sans précédent, voyant, de leurs derniers regards voilés par les ombres de la mort, se dresser le drapeau blanc, néfaste précurseur de la capitulation et de la captivité!

En parcourant ces épiques combats, on ne peut s'empêcher de donner un patriotique souvenir aux braves qui y prirent part, car s'ils ne réussirent pas à arracher une victoire impossible, ils sauvèrent, du moins, l'honneur de l'armée et inscrivirent sur le Livre d'or de leurs régiments une page d'autant plus glorieuse qu'elle eut son épilogue dans le sacrifice et dans la mort!

Le 1ᵉʳ septembre au matin, la division Margueritte, qui était attachée comme cavalerie indépendante au 1ᵉʳ corps d'armée, avait été placée, dès le début de l'action, en réserve, en arrière du plateau de Floing. Elle faisait ainsi face à la direction de Mézières, et si, pour le bonheur de notre armée, les conseils du général Ducrot avaient été écoutés, c'est elle qui, au poste d'honneur, eût servi d'arrière-garde aux troupes françaises dans leur mouvement de retraite. La division Margueritte occupait donc, au commencement de la bataille, l'extrême gauche de l'armée : les 1er et 3e chasseurs d'Afrique et le 6e chasseurs de France, déployés en bataille; le 1er hussards et le 4e chasseurs d'Afrique, en colonnes offensives sur les ailes.

Bien qu'il ne fût encore que huit heures du matin, il était déjà facile de voir les mamelons situés entre Fleigneux, Saint-Menges et Illy occupés par une puissante artillerie allemande, soutenue par une nombreuse infanterie, appartenant aux 82e, 87e et 88e régiments prussiens. C'était l'avant-garde du Prince royal, qui venait nous couper la route de Mézières.

Au fur et à mesure que les pièces ennemies arrivaient, elles se plaçaient promptement en batterie et dirigeaient leur feu les unes contre la place même de Sedan, les autres sur le bois de la Garenne, contre lequel étaient adossés les régiments du général Margueritte. Malgré cette tempête de projectiles, la division conserve une remarquable attitude, et le 1er hussards, qui est plus particulièrement éprouvé, ne bronche pas; les hommes font même preuve d'une telle fermeté, que les généraux qui passent devant eux ne peuvent s'empêcher de crier : « Bravo, les hussards! »

A neuf heures, au moment où la première charge vient d'être décidée, le général de Galliffet, promu la veille,

mais qui avait tenu à rester à la tête de son régiment, le
3ᵉ chasseurs d'Afrique, fait sonner aux officiers, et les réunissant autour de lui, il prononce, d'une voix vibrante,
l'allocution suivante : « Messieurs, on nous fait le grand
honneur de nous désigner pour soutenir la retraite de
l'armée. Il est probable que nous ne nous reverrons pas
tous; je vous fais mes adieux! » Les officiers rejoignent
leurs escadrons, après avoir salué du sabre leur chef
intrépide, et au moment où ils reprenaient leur place de
bataille, le général Margueritte, apercevant une compagnie du 87ᵉ prussien, qui longeait le remblai de la route
qui va d'Illy à Floing, criait en la désignant : « Enlevez-
moi ça, les chasseurs! »

Le 3ᵉ s'élance alors avec un merveilleux entrain, aborde
l'infanterie ennemie qui, surprise, déconcertée par l'impétuosité de l'attaque, laisse rompre ses lignes de tirailleurs
et aborder ses compagnies, massées un peu en arrière. La
furia française reconquiert un moment ses droits. Déjà
la route des batteries ennemies est ouverte, quand les
chasseurs, que n'appuie aucune artillerie et qui sont écrasés par des feux multiples et convergents, se voient obligés de revenir en arrière et de rompre une seconde fois
les compagnies prussiennes, qui se sont reformées après
leur débandade du premier moment. Malheureusement

Fig. 26. — Le général Margueritte se redressa soudain et, tendant les bras du côté de l'ennemi, s'écria : « En avant! »

pour nos cavaliers, le terrain ne se prête pas à un mouvement d'ensemble; chaque escadron charge alors pour son compte le groupe ennemi le plus à sa portée. A trois reprises, ces braves font un retour offensif; à trois reprises, ils bousculent l'ennemi, et si le moindre secours leur eût été prêté, nul doute que l'artillerie allemande couronnant les hauteurs de Saint-Menges et d'Illy n'eût été enlevée et le mouvement du Prince royal retardé!

C'était, en réalité, une charge manquée, parce qu'elle n'avait pas eu de but bien assigné et de soutien vraiment efficace. Mais quels prodiges de valeur accomplis! Au ralliement, 15 officiers et plus de 300 sous-officiers et cavaliers manquaient à l'appel! chiffres éloquents qui honoreront toujours le 3° chasseurs d'Afrique et son brillant colonel de Galliffet.

Après cet insuccès, la position de la division Margueritte est devenue des plus critiques : plus que jamais, l'artillerie allemande fait rage, les projectiles ennemis balaient le terrain, une grêle d'obus affole les chevaux, et le général donne l'ordre aux escadrons de se reformer dans le bois de la Garenne, placé légèrement à droite du terrain où vient de se produire la charge. Le chemin qui conduit à ce bois est d'un accès difficile, et nos cavaliers, montés sur des chevaux blancs, deviennent, lorsqu'ils abordent les taillis, une véritable cible pour les tirailleurs prussiens, qui les criblent d'une intense fusillade et leur causent les pertes les plus sensibles. Au moment où le général Tillard prend la tête de sa brigade, composée du 1er hussards et du 6e chasseurs de France, il salue de son épée et s'écrie : « Allons, mes enfants, il nous faut tous aujourd'hui nourir pour la France! »

Il s'engage sous les arbres de la forêt, où la mort l'attendait; non pas la mort trouvée dans la mêlée, dans l'excitation de la charge et où l'on rend coup pour coup, mais la mort subite, inattendue, brutale : à quelques mètres de la lisière du bois, un obus éclate et le renverse, tuant également son aide de camp, le capitaine d'état-major Proust. Un officier du 1er hussards soulève le corps du général mourant qui, devant sa brigade défilant silencieuse et attristée, a encore la force, malgré une horrible blessure au ventre, de s'écrier, dans un râle sanglant : *Vive la France!*

Le général Margueritte, qui vient d'apprendre la mort du général Tillard, remet alors le commandement de la brigade au colonel de Bauffremont, du 1er hussards, et le feu de l'ennemi devenant de plus en plus intense, il donne l'ordre à sa division de quitter la lisière du bois de la Garenne, qui n'est plus tenable, et de se porter vers le calvaire d'Illy, entre Floing et Cazal, en arrière de la crête qui relie ces deux positions.

Il est alors deux heures de l'après-midi. Une ligne d'infanterie française, couchée à plat ventre, se relève à l'arrivée de notre cavalerie et se retire à travers les rangs des escadrons.

Sur ces entrefaites, d'après les ordres du général Ducrot, la division Margueritte va tenter un dernier mais inutile effort pour frayer à travers les rangs ennemis un passage à l'armée.

« Vous allez charger, » s'écrie le général aux officiers qui l'entourent, « par échelons sur notre gauche. Après avoir balayé ce qui est devant vous, vous vous rabattrez à droite et prendrez en flanc toute la ligne ennemie. » Puis, il les quitte pour aller à l'infanterie, afin d'amener celle-ci dans une position susceptible de soutenir efficacement la cavalerie.

En ce moment, le général Margueritte, dans le but d'exécuter l'ordre qui vient de lui être donné, pique des deux, suivi de son état-major et d'un peloton d'escorte du 1er hussards, pour reconnaître exactement ce qui se passe devant lui et déterminer le terrain où ses escadrons auront à charger. Arrivé sur une éminence favorable à ce genre d'observations, ce groupe important, dont les brillants uniformes miroitent sous les rayons d'un éclatant soleil, devient bientôt le but de nombreux tirailleurs allemands, déployés dans la plaine, à 5 ou 600 mètres de distance environ.

Devant cette fusillade, pour ne pas exposer inutilement les gens de son escorte aux projectiles de l'ennemi, le général fait demi-tour, ordonne à son monde de faire halte à mi-côte de la crête, et ne gardant auprès de lui que son officier d'ordonnance, le lieutenant de chasseurs d'Afrique Reverony (1), il remonte avec lui rapidement l'éminence pour surveiller de nouveau les mouvements de l'assaillant.

Arrivés sur la crête, ces deux officiers sont salués par une grêle de balles, dont l'une d'elles atteint très grièvement le général à la face, lui perçant les deux joues, en traversant la voûte du palais et en perforant la langue. La commotion est même si forte, qu'il est renversé de son cheval et tombe violemment, la face contre terre. Aussitôt, M. Reverony se précipite à son secours, le relève, et le soutenant par le bras droit, fait ainsi quelques pas avec son précieux fardeau, assaillis l'un et l'au-

(1) M. Reverony est actuellement lieutenant-colonel au 8° chasseurs. C'est un de nos plus jeunes et de nos plus brillants officiers supérieurs de cavalerie.

tre par une nuée de projectiles dont, par miracle, aucun ne les touche. Craignant avec raison que la marche ne fatigue et n'affaiblisse trop le blessé, ce brave officier lui demande s'il ne pourrait pas remonter à cheval; sur un signe affirmatif du général, il le place sur une jument grise, amenée en toute hâte par une ordonnance. Soutenu des deux côtés par ces deux hommes dévoués, le général Margueritte se met péniblement en marche au pas de sa monture, toujours poursuivi par la fusillade.

Quand ce triste groupe arriva en vue de la division, ce fut une stupeur, un mouvement de désespoir que l'on comprendra aisément de la part de ces anciens cavaliers d'Afrique, si experts en valeur, si fidèles à leur chef aimé. Ne voyaient-ils pas, en effet, tomber le plus digne et le plus brave de tous ceux qui, tant de fois, les avaient conduits au combat et à la victoire? Aussi, un cri unanime s'éleva dans tous les escadrons, cri prolongé de douloureuse colère : « Vengeons-le! » et cette colère puissante de tant de vaillants soldats fut comme la récompense suprême de ce héros mourant!

Le général les remercia d'un regard de reconnaissance et d'affection.

Puis, surmontant ses atroces souffrances, malgré le sang qui l'étouffait, malgré sa langue horriblement tuméfiée, il se redressa soudain et tendant les bras du côté de l'ennemi, il s'écria, dans un effort de sublime énergie : « En avant! » (1).

(1) Quatre jours après, le général Margueritte, transporté en Belgique au château du duc d'Ossuna, près Beaurain, rendait le dernier soupir, entouré des soins les plus touchants et les plus empressés de la part de la duchesse d'Ossuna et de son courageux officier d'ordonnance, le lieutenant Reverony, qui n'avait pas voulu le quitter. Il laissait dans l'armée le souvenir d'un véritable héros, d'une intrépidité sans égale, d'une générosité et d'une noblesse de caractère incomparables. Les officiers belges lui firent de magnifiques obsèques, bien dignes de sa vie de bravoure et d'honnêteté, et le 1er juin 1884, par souscription privée, ses compatriotes lui élevaient à Fresnes-en-Woëvre (Meuse), son pays natal, une statue, qui transmettra à la postérité cette belle figure de soldat et de patriote.

LE COMBAT DE PELTRE SOUS METZ

(27 SEPTEMBRE 1870)

Parmi les glorieux combats qui marquèrent le blocus
de Metz, il en est un dont le récit nous a paru tout indiqué
dans ces récits, c'est celui de Peltre, petite localité située
à 7 kilomètres de la forteresse lorraine, combat qui eut
lieu le 27 septembre 1870. Ce hardi coup de main, conçu
avec une réelle habileté, nous dirons même avec une certaine crânerie, ne réussit, il est vrai, qu'imparfaitement,
par la suite des révélations d'un espion allemand; il n'en
fut pas moins honorable pour nos troupes et peut être
mis au nombre de ces brillants et ignorés faits d'armes
qui se sont successivement appelés Noisseville, Servigny,
les Maxes, Lauvallier et Ladonchamps.

Voici quel était le but de cette sortie. On venait d'apprendre qu'un train chargé de vivres était en gare de
Courcelles, village occupé par les Prussiens, et qu'un

parc de bétail très important se trouvait également au village de Peltre, que défendaient un millier d'hommes.

M. Dietz, ingénieur en chef des chemins de fer du réseau de l'Est, enfermé dans la place depuis le commencement des opérations, imagine alors le projet de partir de Metz sur une locomotive blindée, de se rendre à toute vapeur à Courcelles, d'y accrocher le train allemand, et au nez et à la barbe de ses gardiens, de le ramener à toute vitesse au milieu des lignes françaises. Pendant que s'exécuterait cet audacieux projet, des troupes feraient diversion, les unes en attaquant le village de Peltre, les autres en cherchant à enlever le château et les abords de Mercy-le-Haut, qui contenaient aussi de nombreux approvisionnements. Cet habile dispositif, soumis au grand quartier général, fut adopté sans restriction, et des ordres furent immédiatement donnés pour en amener la complète réussite.

La brigade Lapasset (84ᵉ et 97ᵉ de ligne), si réputée à l'armée de Metz pour sa solidité, est chargée de l'attaque du village de Peltre; le 90ᵉ de ligne a l'ordre de s'emparer de Mercy, et le 12ᵉ bataillon de chasseurs, renforcé de deux compagnies de tirailleurs du 2ᵉ corps, doit s'installer dans quelques wagons, que remorquera la locomotive montée par l'ingénieur Dietz. Puis, s'avançant rapidement sur Courcelles, cette troupe a pour mission de se jeter dans la gare et de tenir tête à l'ennemi, pendant que le convoi de vivres allemand sera accroché au train français.

Comme on le voit, le plan général de ce coup de main était intelligemment conçu, et il eût été mené à bien si les Prussiens n'avaient été avertis par un de ces misérables espions que nous avions sans cesse à nos flancs depuis le début des hostilités, un nommé Jacob, qui suivait nos troupes depuis Sarreguemines, vendant la goutte et détaillant ces mille objets, bibelots indispensables du soldat en campagne. Cet homme, ayant eu vent de l'entreprise pour le 27 septembre, s'échappe de nos lignes dans la nuit du 26, se rend à Peltre, et là, dévoile aux officiers allemands la brusque agression dont ils vont être l'objet dans la matinée du lendemain. Ceux-ci, sans perdre un instant, font immédiatement couper la voie à un kilomètre en avant de Peltre, rendant ainsi notre sortie infructueuse, en annihilant de prime abord le but principal de l'opération. Toutefois, il est juste de reconnaître que nos soldats, qui s'attendaient à mieux, n'en déployèrent pas moins un vigoureux entrain et une remarquable ardeur, et, à ce double titre, l'histoire leur doit une belle page et le pays une sincère reconnaissance.

Comme les troupes engagées, tout en agissant simultanément, n'opèrent en quelque sorte qu'isolément et pour leur propre compte, nous ne nous occuperons pas de l'ensemble de l'action, mais plutôt de la part prise par chacun des corps dans ce court et brillant engagement.

Le 27 septembre, pendant que la brigade Lapasset dessine dès l'aube son mouvement offensif en se dirigeant sur Peltre, couverte et flanquée par des nuées de tirailleurs, le 12ᵉ bataillon, selon l'ordre prescrit, monte en wagon dans la gare de Metz. Les hommes sont sans sacs, la cartouchière bien garnie et la carabine chargée, tous absolument prêts au premier signal à fondre sur l'ennemi. Le chef de bataillon Bonnot de Mably, intrépide et intelligent officier, les commande, et c'est pleins d'entrain et d'ardeur que nos braves *vitriers* se sentent emportés à toute vapeur dans la direction de Courcelles, car l'étrangeté de la situation, l'originalité du coup de main et la solide leçon qu'ils se promettent d'infliger à leurs adversaires, les rendent plus alertes et plus dispos que jamais. Mais leur joie est de courte durée, car, arrivé à 800 mètres environ de la gare de Peltre, station intermédiaire entre Metz et Courcelles, en raison des circonstances racontées plus haut, la voie a été coupée et leur train se trouve forcément arrêté.

Le bataillon descend alors des wagons et se forme

Fig. 27. — L'espion Jacob prévient les Prussiens que les Français veulent tenter de s'emparer du train de vivres, en gare de Courcelles.

avec un ordre et une promptitude remarquables. Puisqu'on ne peut aller à Courcelles, on attaquera Peltre, et bien que la mèche ait été éventée, les Prussiens ne s'en tireront pas à meilleur compte. Le commandant Bonnot de Mably fait sonner la charge et, suivi de tout son monde, il s'élance sur la station de Peltre, qui est enlevée avec un irrésistible élan. Tour à tour, l'ennemi est délogé de la gare, des tranchées qu'il occupait au-dessus de la ligne du chemin de fer, puis poursuivi dans les vignes, la baïonnette aux reins, et finalement dispersé.

Maîtres de la station et de ses abords, sur l'ordre de leur commandant, les chasseurs du 12° se forment en trois colonnes, à la tête desquelles marchent trois capitaines, MM. Poirier, Doubasse et Jambon, et se portent directement sur l'important couvent des sœurs de la Providence, ancien château dont les murs ont été crénelés et que semblent vouloir opiniâtrément défendre les 400 Prussiens qui l'occupent. Cependant, dans la petite colonne française, aucune hésitation ne se fait jour : tous marchent résolument à l'assaut et l'impétuosité de nos soldats est tellement grande, leur attaque tellement furieuse que le couvent tombe en quelques minutes en leur pouvoir, ainsi qu'une centaine de prisonniers, parmi lesquels figurent sept officiers.

Pendant que du côté des chasseurs s'accomplissaient ces belles prouesses, la brigade Lapasset avait également gagné beaucoup de terrain en faisant successivement replier sous sa vive impulsion les lignes de tirailleurs ennemis, à la suite desquels elle faisait à son tour irruption dans le village. De nouveau, la charge sonne, les 84ᵉ et 97ᵉ se précipitent comme une avalanche dans les rues de Peltre. C'est en vain que quelques officiers prussiens tentent de rallier leurs hommes et de s'opposer courageusement à l'élan de nos troupes; eux et leurs hommes sont débordés et ne trouvent leur salut que dans une fuite précipitée. Le village est enlevé, sans coup férir, à la baïonnette, et sans qu'un seul coup de chassepot ait été tiré par nos fantassins.

Voici, du reste, un détail typique qui donne bien une juste idée de l'ardeur déployée par nos braves soldats dans cette rapide action. Entré un des premiers avec quelques soldats dans Peltre, un sous-lieutenant du 84ᵉ de ligne, M. Vermeil de Conchard, avait été averti par les habitants qu'un parti assez considérable de Prussiens s'était de nouveau réfugié dans le couvent, que venaient de quitter les chasseurs du 12ᵉ bataillon. Il y court aussitôt. Entraînés par son exemple et ses exhortations, cinq hommes de son régiment qui l'avaient suivi y pénètrent avec lui. Après avoir chassé quelques soldats ennemis du vestibule et des bâtiments intérieurs, il les poursuit dans le jardin, où il se trouve bientôt en présence d'une trentaine d'entr'eux, commandés par un lieutenant. Suivi de ses cinq hommes, baïonnette au canon, le sous-lieutenant leur crie de se rendre, et voyant leur hésitation, sans leur laisser le temps de se reconnaître, il se porte vivement au-devant d'eux et se précipite sur l'officier ennemi, dont il saisit les mains; celui-ci se rend aussitôt avec toute sa troupe. Près de 40 Prussiens venaient de mettre bas les armes devant 6 Français! M. Vermeil de Conchard fut promu lieutenant huit jours après, pour cet acte d'intrépidité et de rare sang-froid (1).

Une fois sa jonction opérée avec le 12ᵉ bataillon de chasseurs, la brigade Lapasset, maîtresse de Peltre, y fit un prompt ravitaillement, notamment en fourrages, et après un repos de quelques instants donné aux hommes, comme on craignait un retour offensif de la part de l'ennemi, les troupes se disposèrent à regagner leurs campements sous Metz. Le 12ᵉ bataillon fut chargé de soutenir la retraite, et il s'acquitta de cette mission avec sa solidité ordinaire.

(1) M. Vermeil de Conchard est actuellement chef de bataillon au 120ᵉ de ligne, à Sedan (2ᵉ corps d'armée).

Il nous reste à raconter maintenant, pour compléter ce récit, le rôle joué dans cette sortie par le 90° de ligne, chargé spécialement d'enlever le château de Mercy.

Le 27 septembre, ce régiment prend les armes à cinq heures du matin et va s'embusquer dans les villages de Grigy et de la Haute-Bévoye, têtes de ligne de nos positions, attendant le signal de l'attaque que doit donner le fort Queuleu. A neuf heures, ce fort commence le feu en criblant de ses projectiles le château de Mercy; le 90e prend alors ses dispositions de combat; les 1er et 3e bataillons sortent de Grigy et le 2e de la Haute-Bévoye, se déployant dans la plaine, le 1er bataillon au centre. Toute la ligne, précédée de deux compagnies en tirailleurs, gravit au pas de course la pente, en conversant à gauche pour se placer le long de la route de Strasbourg, face au château. Par cette marche habile, le colonel de Courcy, qui dirige l'opération de ce côté, a réussi à tourner toutes les barricades, ainsi que les abatis et les fossés établis par les Prussiens en avant de leur position de Mercy; aussi, se voyant débordés de toutes parts, leurs avant-postes se replient précipitamment, en envoyant trois ou quatre décharges, qui ne rompent pas l'élan de nos troupes.

Après quelques instants d'arrêt sur la route, la charge

bat, et toute la ligne de bataille s'élance directement sur le château. Le 1ᵉʳ bataillon, formé à cheval sur la grande avenue, sans se laisser arrêter par le feu des défenseurs et bien entraîné par le commandant Colasse, y pénètre rapidement sans brûler une amorce. Les compagnies, déjà désorganisées par la longueur de la course, se mêlent tout à fait; de nombreux soldats envahissent les bâtiments et en chassent les derniers défenseurs, les autres, entraînés par quelques officiers, se portent plus en avant, et ouvrent un feu meurtrier sur la garnison, qui essayait de se rallier en arrière du château et que cette fusillade met de nouveau en fuite. Le 3ᵉ bataillon, que le mouvement de conversion dans la marche en avant avait placé obliquement par rapport au 1ᵉʳ, s'élance avec ardeur, menace de front et de revers les retranchements et facilite ainsi l'entrée du 1ᵉʳ bataillon dans le château, où, du reste, il arrive presque en même temps. A droite, le 2ᵉ bataillon reçoit, de front, le feu de l'ennemi et, sur son flanc droit, une violente fusillade, partant du bois de Jury; il se déploie alors le long d'une crête qui domine ce bois, en une longue ligne de tirailleurs et riposte avec énergie au feu convergent des Prussiens. Il est alors neuf heures et demie; au château, vide de ses défenseurs, les compagnies du 90ᵉ se reforment et prennent position pour repousser une attaque possible. A ce moment même, le village de Peltre était également enlevé. Une demi-heure après, le régiment recevait l'ordre de regagner ses lignes de défense, et son mouvement de retraite n'était pas inquiété par l'ennemi. A midi, toutes les troupes françaises étaient rentrées dans leurs cantonnements.

Ce beau fait d'armes, trop inutile hélas! comme résultat pratique, mais évidemment très honorable pour nos soldats, n'avait coûté aux Français qui y avaient pris part que 4 officiers blessés et une centaine de sous-officiers et soldats mis hors de combat, parmi lesquels 10 tués. Quant aux Allemands, leurs chiffres officiels ont accusé, depuis, une perte de 5 officiers, 350 hommes de troupe tués ou blessés, 9 officiers et 260 hommes faits prisonniers et ramenés à Metz.

Les Prussiens, qui n'avaient pas osé reparaître dans la journée aux alentours des positions qui leur avaient été si rapidement enlevées, placèrent, le soir venu, quelques batteries sur les hauteurs qui dominent Peltre et, pendant trois heures, bombardèrent ce malheureux village, jusqu'à ce qu'il ne fût plus qu'un amas de décombres.

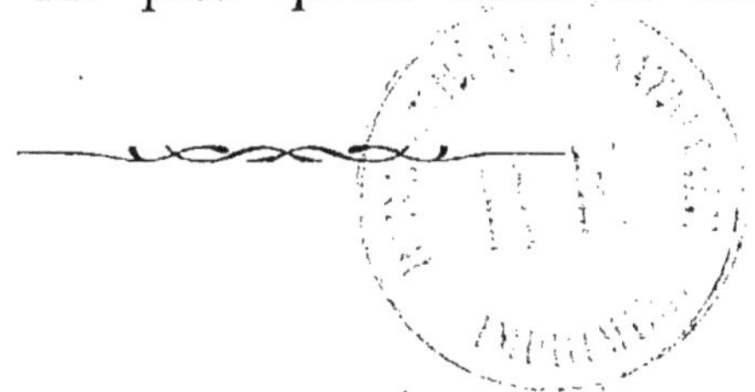

TABLE DES GRAVURES.

TABLE DES MATIÈRES.